RELEVANTE STRUKTUREN

DUSHAN WEGNER

IM SELBSTVERLAG

Version Dezember 2017

dushanwegner.com/buecher/

buecher@dushanwegner.com

Dushan Wegner, Arquitecto Gaudi 11, ES-28016 Madrid

AUSLIEFERUNG/HERSTELLUNG

Amazon Media EU S.à r.l., 5 Rue Plaetis, L-2338, Luxembourg

FOTO

Jandrie Lombard via Shutterstock

Unseren Kindern

Wer die Welt in Ordnung bringen will,
der gehe zuerst durchs eigene Haus.

— CHINESISCHE REDENSART

VORWORT

Bis vor Kurzem hingen in meinem Schrank sechs Anzüge. Die ersten zwei waren mir zu groß, denn sie stammten aus, sagen wir, »kräftigeren« Tagen. Zwei weitere Anzüge waren mir zu klein. Sie stammten aus Zeiten, in denen mein Bart weniger grau und eben auch mein Bauch weniger war. Und schließlich hatte ich zwei Anzüge, die genau richtig saßen.

Auch diese zwei perfekt sitzenden Anzüge nutzten mir nur bedingt, denn ich verfüge über die Gabe, zuverlässig bei gesellschaftlichen Ereignissen das Falsche anzuziehen. Wähle ich Anzug und Krawatte, tragen alle anderen Jeans und T-Shirt. Komme ich aber in Jeans und Kapuzenpulli, stehen die restlichen Herren in Frack und Zylinder da.

Doch, habe ich mich einmal und ausnahmsweise vorab informiert, und weiß, was anzuziehen ist, finde ich kurz vorher die Manschettenknöpfe zum Hemd nicht. Oder alle Hosen sind in der Reinigung. Oder der Hund hat meine Lackschuhe gefressen, was umso bemerkenswerter ist, als ich weder Hund noch Lackschuhe besitze. Nur die Krawatte, die sitzt immer. Genauer: saß. Damals, früher, als ich noch Krawatte trug. Eine Krawatte binden, das konnte ich wirklich gut.

Wenn ich den Schrank öffnete, grinsten mich bis vor Kurzem die Anzüge mit Spott und Vorwürfen an. Du warst dick und du wirst wieder dick werden! Oder, die anderen Anzüge: Du passt nicht in uns hinein, nicht mehr, nie mehr! Oder: Du ziehst uns sowieso nur falsch an. Alte Anzüge sind keine angenehmen Zeitgenossen. Die reichen Leute sind zu beneiden. Die reichen Leute können sich jeden Tag neu einen zu Laune und Lage passenden Anzug schneidern lassen.

Heute trage ich keine Anzüge mehr.

In meinem Schrank finden sich drei Stapel: Unterwäsche, Longsleeves, also T-Shirts mit langen Ärmeln, und Hosen. Ich besitze ein Paar Turnschuhe und ein Paar Flipflops. Ich besitze, als Reserve für gesellschaftliche Zwangslagen, eine Jacke, zwei Hemden, zwei Jacketts, zwei Krawatten und ein Paar schwarze Schuhe. Sonst nichts. Ich hatte ja überlegt, noch zwei Anzüge zu behalten, aber welche? Nein, nein, das ist schon okay so. Es ist in Ordnung. Es ist Ordnung.

Dies ist ein Buch über Ordnung, über *relevante Strukturen*, und über das, was wir »wichtig« nennen.

Wir wollen drei Arten von Dingen ordnen:

- Wir ordnen, wie wir über das Gute und das Böse denken und wie wir darüber reden.
- Wir ordnen uns selbst.
- Wir beginnen, die Welt um uns herum zu ordnen.

Wir werden die Ordnungs-Arbeit erledigen mit einem einfachen Werkzeug namens »relevante Strukturen.

Ordnung ist Arbeit, das Gute ist Arbeit, Glück ist Arbeit. Nur was Arbeit ist, kann auch gelingen.

Lassen Sie uns mit der Arbeit beginnen!

I

TEILUNG, FORMELN UND STRUKTUREN

1

AM MEER

Wenn mein Kopf zu viele Gedanken hin und her schiebt, wenn ich hundert Ideen habe, tausend Fragen trage und keine Ordnung darin finde, dann gehe ich hinunter zum Meer. Ich besuche mein Stammcafé und manchmal schreibe ich dort.

Ich habe Freunde, die sind Windsurfer und am Wasser treffe ich meistens ein paar von ihnen. Wo auch sonst sollte ich sie treffen als am Wasser? Bei Gelegenheit surfe ich auch.

Es ist ein Stück innerer Heimat, bekannte Gesichter zu sehen, nach den Kindern zu fragen und selbst nach den Kindern gefragt zu werden.

Ich stelle mich dann ans Wasser, an den Strand, wo das Meer auf das Land trifft, und schaue hinaus. Die Wellen schwappen bis zu meinen Füßen und das Salzwasser läuft zwischen meine Zehen. Ich schaue aufs Meer, und weiter, bis zum Horizont.

Der Horizont teilt Himmel und Meer voneinander. Die

Küste teilt das Meer vom Land. Weiße Wolken zieren den Himmel. Weiße Schaumkronen zieren das Meer. Himmel und Meer würden ineinanderfließen, wäre da nicht die trennende Linie am Horizont. Wenn ich nichts sehe außer Meer und Himmel, dann ist das Meer nur dadurch Meer, dass es nicht Himmel ist – und der Himmel nur dadurch Himmel, dass er nicht Meer ist.

Alles, was existiert, existiert durch Trennung. Die Trennung der Dinge zu sehen ist der Beginn aller Ordnung.

2

EXISTENZ DURCH TRENNUNG

»Herr Wegner,« sagte die Ärztin, »tun sie ihre väterliche Pflicht.« – Sie hielt mir eine scharfe, sterile Schere entgegen. Ich nahm und schnitt.

Dieses Gefühl ist mit nichts zu vergleichen, man schneidet durch menschliches Fleisch. Die Nabelschnur war dann schnell abgebunden. Der ganze Vorgang hatte nur Sekunden gedauert und doch würde mein Leben ab da ein anderes sein.

Ich war Vater geworden, *als* und *indem* ich auf primitivste Art meine Tochter von meiner Frau *trennte*.

Wenn ein Mensch gezeugt wird, trennen sich Zellen vom Vater ab und vereinen sich mit Zellen der Mutter. Neun Monate lang wachsen diese Zellen heran, genährt vom Körper der Frau. Jeden Tag in diesen neun Monaten entwickelt sich der neue Mensch auf ein einziges Ziel hin: Was als einige vereinte Zellen begann, will ein Lebewesen sein, das von seinen Eltern getrennt werden und leben kann.

Einige Bindungen des Menschen an seine Eltern bleiben

über die Geburt hinaus. Das Baby muss versorgt werden. Der Jugendliche auch. Emotional trennt sich niemand vollständig von seinen Eltern, selbst wenn diese schon lange tot sind.

Sie lesen ein Buch über Ordnung. Ordnung beginnt mit Trennung. Menschwerdung ist Trennung. Jedes Werden ist Trennung.

Trenne dich, Mensch, um ganz Mensch zu sein.

3

HEIMAT UND NICHT-HEIMAT

»Überall ist es schön«, pflegte mein Großvater zu sagen, »aber daheim ist es doch am schönsten.«

Für meinen Großvater war »Heimat« ein schmerzlicher Begriff. Erst hatten die Deutschen seine Heimat besetzt, dann die Russen. Erst die Sozialisten in braun, dann die in rot.

Wir waren Christen. Wer Christ war und sich nicht der Partei beugen wollte, der hatte im tschechischen Kommunismus nur eine Option: Als Bergmann unter zerstörerischen Bedingungen zu arbeiten, verbraucht zu werden und vor seiner Zeit an Staublunge zu sterben. Ans Studieren oder höhere Berufe war kaum zu denken. 1976 sind wir geflohen.

Einige von uns sind auf unserer Wanderung in Australien hängen geblieben. Meine Schwester wurde dort geboren, ich selbst kam noch 1974 in der Tschechoslowakischen Republik zur Welt. Meine engere Familie, also meine Eltern und die

Eltern meiner Mutter, kehrten nur zwei Jahre später nach Europa zurück.

»Der Himmel über Australien ist uns zu hoch«, sagten sie.

Wir kamen nach Deutschland, Karlsruhe. Dort kannten wir jemanden, über viele Ecken. Es waren »die guten alten Zeiten«, als man immer »über viele Ecken« jemanden kannte, selbst wenn man frisch und arm gerade dem Kommunismus entflohen war. Heute hat man Internet-Freunde überall, doch man käme kaum auf die Idee, mal eben in deren Stadt zu ziehen.

Es hat seine Jahre gedauert, bis wir in Deutschland neue Wurzeln schlugen. Monate bevor wir nach Deutschland gekommen waren, hatten wir bereits begonnen Deutsch zu lernen. Ich spreche mit meinen Eltern dennoch Tschechisch, außer natürlich wenn Leute dabei sind, die kein Tschechisch sprechen – das ist selbstverständlich.

Kurz darauf begann die Helmut-Kohl-Ära. In dieser Ära wuchs ich auf. Unter Helmut Kohl war es gut, und wir alle hofften, dass wenn wir nur fleißig arbeiteten, es noch besser würde. Meine Kinder sind in die Angela-Merkel-Ära geboren. Es wird nicht besser, und mancher hofft, dass ein Wunder geschieht, damit es auf magische Weise weniger schlimm wird.

Wir zogen bald weiter, von Karlsruhe nach Köln. Genau genommen: Hürth. Meine Eltern und Großeltern arbeiteten, alle, und sie arbeiteten hart. Urlaub höchstens gratis bei Verwandten und mit Anreise per Auto – nach Mallorca flogen nur die anderen. Keine Marken-Klamotten. Kein TV, vor allem wegen der Bildung, aber auch wegen GEZ und Kaufpreis. Schließlich Bruchbuden gekauft, selbst von Hand renoviert, sogar den Zement mit dem Fahrrad vom Baumarkt geholt, das Haus abbezahlt, verkauft und neue, größere Bruchbude gekauft. Zwei Jahrzehnte später besaß man zwei ansehnliche Häuser – 8 Bahnminuten von der Uni entfernt, das war wichtig.

Nach nochmal eineinhalb Jahrzehnten kam ich zur Einsicht, dass es besser wäre, meine Kinder an einer Schule ganz woanders anzumelden.

Deutschland war einst meine und unsere Heimat geworden. Dann wurde meine Heimat eine andere. Der Alltag in Köln veränderte sich, lange bevor Köln wegen Gewalt und hilfloser Polizei in die nationalen Schlagzeilen geriet.

In meiner Jugend hatte ich manche Nacht auf den Ringen verbracht. Wir waren auf der Domplatte mit Inline-Skates herumgefahren und hatten am Rheinufer den Morgen begrüßt. Auf den Weihnachtsmärkten genoss ich manchen Backfisch und auch mal einen Glühwein. Ins neue Jahr zählte ich jahrzehntelang jedes Silvester auf der Severinsbrücke, und den Karneval feierte ich dann mit Freunden in der Zülpicher Straße.

Dann veränderte sich Köln. Man verbrachte nicht mehr einfach so eine Nacht auf den Kölner Ringen. Man fuhr nicht mehr spät abends einfach so und ohne Bedenken mit der U-Bahn. Die Atmosphäre in den Schulen wurde eine andere.

Ich wohne jetzt auf einer Insel – und treffe täglich mehr Deutsche als man in manchen Stadtteilen Deutschlands trifft.

Was ist nun Heimat? Meine Heimat waren einst die schmutzigen Straßen Kölns. Das Deutsche an meiner Heimat, die deutsche Sprache, die deutsche Literatur, die deutschen Leser und Freunde.

Heimat braucht, wie jedes andere Ding auch, die Möglichkeit ihrer Nicht-Existenz, um zu sein. Heimat kennt nur, wer sagen kann und darf, was *nicht* Heimat ist.

Man löst uns heute, von oben und gewaltsam, die Trennung von Heimat und Nicht-Heimat auf. Existenz braucht Trennung. Wer Trennung aufhebt, zerstört Dinge. Viele Deutsche verlieren in diesen Tagen ihre Heimat. Manche verlieren, auch in Folge dieser Aufhebung von Trennung, ihr Leben.

Heimat zu verlieren ist Schmerz, jedes Mal aufs Neue.

4

DIE GROSSEN ZERSTÖRER

Ein Land ohne Grenzen ist wie ein Mensch ohne Haut. Ein Mensch ohne Grenzen weiß nicht, wer er ist. Wer nicht weiß, wer er ist, der wird zur verfügbaren Masse der Fanatiker und Undemokraten.

Ordnung entsteht in der Beziehung von Dingen zueinander. Damit ein Ding eine Beziehung zu einem anderen Ding haben kann, muss es zunächst von diesem getrennt sein. Wenn ich frage, was etwa das Meer ist, frage ich implizit und zuerst, was das Meer von allen anderen Dingen und Orten der Welt unterscheidet. Unterscheidung ist Trennung, in der Sache wie im Begriff.

Wer Trennung aufhebt, zerstört Dinge. Wer Grenzen schleift, vernichtet Länder.

Freuen sich siamesische Zwillinge etwa, dass ihre Körper verbunden und zusammengewachsen sind? Wäre die Lehre gewisser »Globalisten« vollständig wahr, müssten sich siamesische Zwillinge doch freuen, dass ihre Körper jeweils um einen weiteren Körper erweitert sind. Nein, sie freuen sich nicht. Sie lassen sich in die Freiheit operieren. »¡Patria o muerte!« rief Ché Guevara. – »Mein eigener Körper oder Tod« ruft der siamesische Zwilling vor der Operation – meist aber ist er noch ein Baby. Die Ärzte und Eltern rufen es für ihn.

Niemand ist »in der Welt daheim«. Daheim ist man nur daheim.

Auch Wahrheit gibt es nur durch Trennung von Unwahrheit. Wenn alles wahr sein kann, »gefühlte Wahrheit« oder »politische Wahrheit«, dann ist nichts mehr wahr. Das Gegenteil der Wahrheit ist eine Lüge, aber das Gegenteil einer Lüge ist noch lange nicht die Wahrheit.

Der Tag entsteht durch Trennung von der Nacht. Das Helle entsteht durch Trennung vom Dunkeln. Ein Land existiert in der Abtrennung von seinen Nachbarländern durch verschiedene Arten von Grenzen.

Es ist das einundzwanzigste Jahrhundert. Die Weisen von Brüssel haben beschlossen, dass wir nicht würdig sind, Grenzen um uns zu ziehen. Grenzen seien zum Abreißen da, sagen sie.

Anfangs argumentierten sie noch, es sei gut für die Wirtschaft, also für Arbeitsplätze, also für die Nation. Sie haben es aufgegeben, zu argumentieren. Menschen sterben, weil über die offenen Grenzen auch Terroristen ins Land kamen. Die letzten Argumente, die sie haben, sind eine Taschenspielermoral.

Früher hieß es: Zieh gen Jerusalem! Marschier nach Polen! Stirb in Vietnam!

Heute heißt es: »Öffnet die Grenzen, für die Moral!« – Doch was vom kleinsten Partikel bis jenseits der Galaxien gilt, gilt auch für Ländergrenzen: Wer Trennung aufhebt, zerstört das zuvor Getrennte.

Ihre billige Moral tötet. Wir brauchen eine bessere Moral.

5

ES WIRD SONNIG

Kehren wir ans Meer zurück, stellen wir die Füße ins Wasser. Eine weitere Welle schwappt an den Strand, rinnt kühl zwischen Ihre Zehen und dann in den Sand.

Lassen Sie uns über diesen Gedanken sprechen, also das, was in Ihrem Kopf vorgeht, wenn Sie ans Meer denken.

Wir sprechen nicht über den Inhalt, also über das Meer selbst, sondern über den Gedanken, als Gedanken.

Was ist dieser »Gedanke«, den Sie da hatten? Wie spricht man überhaupt über einen Gedanken? Wie über seinen Inhalt? Wie über die Beziehung des Gedankens zur Welt? Die Welt ist ja, was der Inhalt des Gedankens sein sollte. Wie »funktioniert« es, dass etwas in unserem Kopf einen Inhalt tragen kann?

Für uns hier ist alles *Formel.* Wir nennen alles, was *ist*, eine »Formel«.

Das spezielle Arrangement der Neuronen in Ihrem Kopf, wenn Sie an eine Welle denken, ist für uns eine Formel. Wenn

Sie »Strand« denken, befinden sich die Atome in Ihrem Kopf in einem bestimmten Verhältnis zueinander, bilden also eine *Formel.*

Die reale Welle draußen in der Welt ist ebenfalls eine Formel, also das Verhältnis der Meerwasser-Moleküle zueinander.

Auch die Art und Weise, wie sich Ihr »Wellen-Gedanke« auf die Welt bezieht, ist natürlich eine Formel. Wenn Sie an Wellen denken, stehen die Atome in ihrem Kopf in einem bestimmten Verhältnis zur Welt. Jedes Verhältnis von Dingen ist für uns eine Formel.

Wenn Sie also an eine Welle denken, sind drei verschiedene Formeln involviert:

- Eine Formel in Ihrem Kopf, ...
- eine Formel in der Welt und ...
- die »Bedeutung«, also das Verhältnis zwischen der Formel in ihrem Kopf und der Formel in der Welt.

Jedes Reden über die Welt und ihre Ordnung involviert diese drei Formeln: Die Formel in ihrem Kopf, die Formel in der Welt und das Verhältnis zwischen beiden.

Ordnung beginnt mit Trennung und setzt sich darin fort, das Getrennte in Beziehung und Verhältnis zu setzen.

6

FORMELSEHEN

Das Denken in Formeln ist ein wenig wie Fahrradfahren. Das erste Mal scheint es fast unmöglich. Wie soll man auf nur zwei Rädern auch nur eine Sekunde lang die Balance halten? Das Ziel ist verlockend, also probiert man es wieder und wieder, bis es einem ganz und gar »natürlich« erscheint – dabei ist es *erlernt*.

Erst ist man auf dem Fahrrad einen Meter weit gefahren, dann zehn Meter, dann hundert Meter und bald sogar zehn Kilometer.

Zu Beginn mag es kompliziert und kontra-intuitiv erscheinen, aber es wird schnell zur zweiten Natur und Sie möchten es nicht mehr missen.

Alles, was Sie erleben und sehen, ist Formel. Das typischste aller Brettspiele, Schach, ist ja buchstäblich nichts als eine Sammlung von »Formeln«, sogar im landläufigen Sinn, also Buchstaben und Zahlen auf Papier oder im Computer. Es gibt Schachspieler, die »blind« spielen können. Zwei solche

Schachspieler geben einander nur die Formeln durch. Ein Helfer setzt dann die Formel auf dem tatsächlichen Brett um. Die Stellung der Figuren »ist« nicht das Spiel. Die Stellung der Figuren ist nur die visuelle, greifbare Darstellung der Formeln des »eigentlichen«, abstrakten Spielstandes. Wenn jemand aus Versehen eine Figur mit dem Handrücken verschiebt, ändert sich dadurch nicht der Spielstand, so wie das Drehen an der Uhr nur in Kindergeschichten die Zeit verschiebt. Die Figur wird zurückgestellt, um die abstrakte Spielwahrheit korrekt und konkret abzubilden.

Formelsehen hilft gegen Ratlosigkeit. Wir alle kennen Momente der *Ratlosigkeit*: Sohn oder Tochter hat dies gemacht, der Nachbar jenes, und die Politik hat etwas ganz anderes in der ihr eigenen, schrecklichen Dimension begangen. Ratlosigkeit ist zuerst eine Sprachlosigkeit. Ich sehe das Ding, doch es fehlt mir die Sprache, das Gesehene zu verstehen. Wenn ich ratlos bin, wirken die Dinge und die Situation *ungetrennt*. Ratlosigkeit bedeutet, die Formeln der Dinge nicht zu sehen. Ratlosigkeit ist Formelblindheit.

Formelsehen ist nicht angeboren. Formelsehen ist erlernt. Formelsehen beginnt mit einfachen Einsichten: Alles, was existiert, existiert durch *Trennung*. Dinge entstehen durch Trennung. Die getrennten Dinge stehen im Verhältnis zueinander, dieses Verhältnis nennen wir grundsätzlich *»Formel«*. Diese Formeln, also die Verhältnisse der Dinge untereinander, wollen wir erkennen.

7

DIE MATRIX-PERSPEKTIVE

Sie kennen bestimmt die filmische »Matrix-Trilogie«. Wenn nicht, sollten Sie unbedingt zumindest den ersten Teil der Trilogie sehen, den Film »Matrix« aus dem Jahr 1999.

Der Wendepunkt des Films, kurz vor Schluss, ist eine Szene, in der sich die Welt aus der Perspektive des Helden *Neo* in eine ganz andere Welt verwandelt. Neo, dargestellt von Keanu Reeves, sieht die Welt nicht mehr als *Dinge* oder *Menschen*, er sieht nur noch *Formeln*.

Die Formeln werden in Matrix filmisch dargestellt als kryptische grüne Zeichen, die auf schwarzem Hintergrund von oben nach unten durchlaufen.

Im Film *Matrix* wird auf einer »Meta-Ebene« eine Frage verhandelt, welche die Philosophen als »Simulationsthese« bezeichnen: Woher weiß der Mensch, dass seine Welt »real« und er nicht bloß Teil einer großen Simulation ist. Das Ende des ersten Teils dieser Trilogie schlägt zumindest im Bild einen unerwarteten Ausweg vor: *Lerne, die Dinge als Formel zu sehen.* Es ergibt ja auch logisch Sinn. Die Welt kann »Simulation« sein, die Verhältnisse der simulierten Dinge untereinander sind aber garantiert keine Simulation. Was ohnehin abstrakt ist, kann und muss nicht »simuliert« werden. Was würde das auch bedeuten? Ob ich zwei reale Äpfel in einer realen Hand halte, oder zwei virtuelle Äpfel in einer virtuellen Hand – die Tatsache, dass es zwei Äpfel sind, bleibt immer dieselbe. x plus x ergibt $2x$, egal was ich für x einsetze.

Erinnern wir uns: *Dinge* sind voneinander getrennte Teile der Welt. *Formeln* sind die verschiedensten Arten, wie diese Dinge zueinander im Verhältnis stehen können. Die Welt zu verstehen, wie Neo die Matrix versteht, bedeutet, die Trennung der Dinge und das Verhältnis der Dinge untereinander zu *sehen* – ob diese Dinge nun die Ordnung meines eigenen Lebens, die Ordnung der Familie oder die Ordnung der Gesellschaft sind.

8

IHR SOLLT SEIN WIE NEO

Ein Tisch ist ein *Ding*, denn er ist abgetrennt (genauer: wir nehmen ihn als abgetrennt wahr) von den anderen Dingen im Raum. Das macht ihn zum Ding.

Doch der Tisch beinhaltet ja selbst weitere Unter-Dinge wie die Tischplatte und seine vier Beine. Die Tischplatte besteht etwa aus verleimtem Holz, das wiederum besteht aus Holzfasern, et cetera. Weil jedes Ding wieder trennbar ist, also aus Getrenntem besteht, ist es eine »Formel« in unserem Sinn.

Einst dachten die Griechen, Atome seien die kleinsten Dinge. »atomos« ist Griechisch für »unteilbar«. Wissenschaftler haben inzwischen gezeigt, dass auch die Atome wieder Formeln sind. Die Frage ist natürlich, ob es eine letzte Formel gibt, die nicht zusammengesetzt ist, ein *String* oder etwas – aber das macht für unseren Anspruch keinen Unterschied. Wir wollen unser Denken, unser Leben und die Welt zu ordnen beginnen, unsere Ziele sind praktischer Natur. Unser theoretisches Werkzeug soll eben das sein: Ein Werkzeug.

Unsere Formeln funktionieren, ob es in den Tiefen ein Allerkleinstes gibt oder nicht.

Wir sprachen über den Film *Matrix* und seinen Helden *Neo*. Dieser Held *Neo* ist zweifellos »cool«. Er hat »alles unter Kontrolle«, weil er nicht durch den Begriffs-Sumpf watet wie wir Normalsterblichen. Wer alles als Formel sieht, als abgeteiltes Zusammengesetztes in Beziehung zu anderem Zusammengesetzten, dessen Seele ist ruhiger. In jeder denkbaren Situation ist es von Vorteil, statt sofort zu reagieren, zuerst die Formeln zu suchen und zu bestimmen, der Formelsehende praktiziert das automatisch und fortwährend.

Was unterscheidet die großen Unternehmer, Politiker und Künstler der Weltgeschichte von den »Normalsterblichen«? Eine einfache Gewohnheit: Ob *Howard Hughes*, *Benjamin Disraeli* oder *Pablo Picasso*, die Großen sehen und denken in Formeln. Sie zerlegen und analysieren, wo andere sofort tun, »was man halt so tut«. Die Großen sehen und denken in Formeln und können so in die Welt hinein handeln. Wer bloß aus dem Bauch heraus agiert, der wird immer nur wiederholen, was andere ihm vorkauten.

Ereignisse und Menschen können uns wehtun. Doch wer die Welt als Formel sieht, für den wird sie beherrschbar. Nur wer die Welt als Formel betrachtet und begreift, kann sich und die Welt ordnen – und bleibt dabei doch »cool«, wie Neo.

9

ES WIRD GESEHEN

Üben wir uns in der Kunst, alles als Formel zu sehen! Grau ist bekanntlich die Theorie, also auf, bringen wir Farbe ins Formelsehen!

- Es gibt *greifbare* Formeln wie den Mount Everest, die Gänseblümchen im Stadtpark oder den Planeten Jupiter.
- Dann gibt es *nicht (trivial) greifbare* Formeln wie die Erdanziehungskraft, das Sonnenlicht oder die Gedanken in Ihrem Kopf.
- Und schließlich gibt es noch Formeln, die einfach *Verhältnisse* von Formeln untereinander sind, wie Logik, Ethik oder Ehe.

Diese drei Gruppen von Formeln sind dadurch realisiert, dass Dinge in einem bestimmten Verhältnis zu anderen Dingen stehen.

Der Mount Everest, das Gänseblümchen und der Jupiter sind letztendlich nur die Anordnung von Atomen und Molekülen auf eine bestimmte Art und Weise. Auch wenn die Wissenschaftler die Erdanziehungskraft, das Sonnenlicht und die Gedanken in unserem Kopf noch nicht ganz verstehen, sind sie sich doch weitgehend einig darüber, dass sie realisiert werden durch die Beziehung von kleinsten Dingen zueinander. Auch Logik, Ethik oder soziale Einrichtungen wie die Ehe, sind Verhältnisse innerhalb dieser Welt.

Wenn wir hier sagen »die Formel *Mount Everest*«, meinen wir damit so etwas wie »Der Mount Everest, unter besonderer Berücksichtigung der Tatsache, dass er durch das Verhältnis vieler anderer Dinge der Welt realisiert wird«.

Es wäre sehr anstrengend, bei jedem Gegenstand, den man erwähnt, zusätzlich darauf hinzuweisen, dass man in der Untersuchung des Gegenstandes vor allem darauf achten möchte, in welchem Verhältnis seine konstituierenden Einzelteile stehen und in welchem Verhältnis sich dieser Gegenstand zu seiner Außenwelt befindet – also kürzen wir ab und reden von »Formeln«. Alles ist Formel.

Es hört sich gewiss merkwürdig an, wenn man das erste Mal hört, dass etwa »Ehe« und »Käsekuchen« gleichermaßen Formeln sein sollen und von uns auf gleiche Weise untersucht werden können. Doch, man lernt es schnell: Die Ehe ist ein Arrangement zweier Teil-Formeln, der beiden Ehepartner, und steht in einem bestimmten Verhältnis zur umgebenden Welt, der Gesellschaft. Der Käsekuchen ist ein Arrangement der Teil-Formeln *Zucker* und *Quark*, also eine »Kuchen-Formel«. Die Kuchen-Formel steht bekanntlich in einem bestimmten, essbaren Verhältnis zu ihrer Außenwelt, also letzten Endes zu meinem Bauch. Beides ist Formel und kann als solche beschrieben und untersucht werden.

Berge und Länder sind Formeln, Menschen und Familien sind Formeln, Ihre Gedanken und Ihr erster Kuss sind Formeln. Formeln können sich auch über die Zeit erstrecken, wie Handlungen es tun. Wenn ich jetzt aufstehe und mir einen Kaffee mache, dann ist auch diese Handlung eine Formel der Welt.

10

STRUKTUR

Es gab einmal eine Zeit, da ließen die Menschen sich täglich einen Stapel billig bedruckten Papiers ins Haus liefern. Von diesem Stapel, den sie »Zeitung« nannten, lasen sie ab, welche Ereignisse am vorherigen Tag aktuell gewesen waren. Es war üblich, dass auf den letzten Seiten dieser »Zeitungen« sogenannte »Todesanzeigen« abgedruckt waren.

Wenn ein Mensch zum ersten Mal in seinem Leben eine solche Todesanzeige las, fuhr ihm schon mal ein schlimmer Schrecken durch die Knochen! Nicht selten stand nämlich in einer Todesanzeige ein Text ähnlich wie dieser:

»Plötzlich und unerwartet verstarb unser Großvater, Vater, Onkel, Sohn, Schwager, Cousin, Cousin zweiten Grades, Freund, Liebhaber und Ehemann.«

Auf den ersten Blick: Ein Massaker! Ist da etwa der Todesengel über die Familie geflogen, wie einst zu Pessach im Ägypten der Bibel, und hat die männlichen Erstgeborenen dahingerafft?

Aber nein: All diese Rollenbezeichnungen beziehen sich auf eine einzige, auf *dieselbe* Person. Und diese eine Person stand eben in diversen Verhältnissen zu den übrigen Personen der trauernden Familie. Als Formel betrachtet, war diese Formel selbst in mehrere größere Formeln eingebunden.

In Todesanzeigen war es üblich, das so auszudrücken. Wenn einer starb, wurden seine familiären und manchmal auch sozialen Funktionen gelistet. Auf diese Weise wurde deutlich, in welchen größeren Kontexten er relevant gewesen war.

Der Mensch ist Formel, und wenn eine Formel in größere Formeln eingebunden ist, wollen wir diese größeren Formeln *»Strukturen«* nennen.

11

VON FORMELN ZU STRUKTUREN

»Was auch immer ein Mensch im Leben anstellt, er bleibt immer das Kind seiner Eltern.« – Ich muss diesen Satz so formuliert haben, als ich selbst noch ein Kind war, denn mein Vater versichert alle paar Jahre, ich hätte es getan, und es habe ihn sehr gerührt.

Als ich aufgewachsen bin, war ich vor allem *Sohn*. Als ich das erste Mal eine Steuererklärung abgeben durfte, fühlte ich mich als *Mann*. Heute bin ich seit über einem Jahrzehnt ein *Vater*. Ich habe noch immer das Gefühl, diese Schuhe seien mir zu groß.

Was unterscheidet mich als *Sohn* von mir als *Vater*? Bin ich nicht derselbe Mensch, ob ich nun *Sohn*, *Mann*, oder *Vater* genannt werde? Natürlich verändert die Rolle den Menschen, der sie vorführt. Und doch bleibt es immer *derselbe* Mensch. Ich bleibe ja auch heute, als *Vater*, noch immer *Sohn* und *Mann*.

Ein und derselbe Mensch kann zur selben Zeit ganz *Sohn* und ganz *Mann* sein. Ob wir einen Menschen einen »Sohn«

oder einen »Mann« nennen, hängt davon ab, über welchen Aspekt dieses Menschen wir gerade reden. Spreche ich über den Mann als *Sohn*, dann betone ich sein Verhältnis zum Vater und zur Mutter. Spreche ich über den Mann als »Vater«, betone ich sein Verhältnis zu seinen Kindern. Der Begriff ist mehr als der Marker eines bestimmten Individuums. Die Wahl eines Begriffes sagt auch etwas darüber aus, welche Eigenschaften des Objekts der Sprecher gerade im Sinn hat.

Genauso ist es, wenn wir über eine Formel sprechen und sie »Struktur« nennen. Das Wort »Struktur« betont die Absicht des Sprechers, über die Einbettung von Formeln in größere Formeln zu reden.

Wenn ich »Struktur« sage, könnte ich auch sagen: »einbettende Formel unter besonderer Betonung der Eigenschaft, andere Formeln zu beinhalten«, doch das kurze Wort »Struktur« ist praktischer.

Gibt man dem Menschen nur etwas Ruhe und stellt man ihm die richtigen Fragen, findet man, dass jeder auch ein Philosoph ist. Der Philosoph will sich selbst erkennen. Sich selbst zu erkennen bedeutet, zu wissen, in welche Strukturen man eingebunden ist. Die Idee der »Strukturen« ist ein philosophisches Werkzeug.

Die alten Griechen rufen uns zu: »γνῶθι σεαυτόν!« – »erkenne dich selbst!« – Wie soll das aber gehen, dieses Selbsterkennen? Sokrates schlug den Dialog vor. Er zog die Erkenntnis aus dem Schüler wie die Hebamme das Kind aus der Mutter.

Man könnte auch sagen: Erkenne deine Strukturen!

Wie will ich wissen, wer ich bin, wenn ich nicht weiß,

worin ich eingebunden bin? Wenn ich weiß, worin ich eingebunden bin, was muss ich noch mehr wissen?

Ich bin ja auch eingebunden in mich selbst. Ich bin, in bestimmter Hinsicht, meine eigene Struktur. In welcher Hinsicht? Wie bin ich in mich eingebunden? Das gilt es herauszufinden.

12

WORTE, DIE UNKOMPLIZIERTER SIND

Wir sprachen über Todesanzeigen. Es stirbt ein einziger Mensch, und die Anzeige betrauert Vater, Großvater, Sohn, Onkel und Bruder.

Mit unserem Begriff »Struktur« können wir diese Todesanzeigen genauer und zugleich einfacher analysieren: Die Todesanzeige listet — als Implikation — die *Strukturen*, in welche der Verstorbene *eingebunden* war.

Den Menschen zu verstehen, bedeutet, seine Strukturen zu kennen, und zu wissen, wie er in seine Strukturen eingebunden ist.

Die verschiedenen Rollen in der Todesanzeige implizieren, in welchen Formeln der Verstorbene eingebunden war, also: seine relevanten Strukturen. Die Menschen trauern um ihn, weil er durch sein Ableben solche Strukturen schwächt, die sie auch selbst als *relevant* empfinden.

Ich kann mich an den Morgen erinnern, als ich erfuhr, dass Steve Jobs, der Gründer von Apple, verstorben war. Seine

Ideen hatten auch meine Welt verändert. Ich schreibe diesen Text auf einem MacBook und einem iPad. Steve Jobs hat eine Struktur gestützt, die mir sehr wichtig ist: Mein Schreibwerkzeug. Seine Werbekampagnen hatten eine Struktur gestützt, die allen Menschen sehr wichtig sein sollte: Den Glauben an die eigene Schaffenskraft. Wir trauerten um Steve Jobs, weil er Strukturen gestützt hatte, die vielen von uns sehr wichtig sind.

Wenn ein Vorstandsmitglied, Aufsichtsrat oder gar der Gründer eines Unternehmens stirbt, dann schalten die Firmen großformatige Anzeigen. Zum Tod eines Hilfsarbeiters wird das nicht getan. Der Grund ist nicht die Geringschätzung des Hilfsarbeiters als Mensch. Die großformatigen Anzeigen für den Wichtigen sind »lediglich« die Anerkennung der Tatsache, dass der Großkopferte in seiner *Funktion* über die Jahre hinweg die Struktur *Unternehmen* stärker stützte. Die Frage ist nicht, wer länger dabei war. Die Frage ist nicht, wer mehr Schweiß einbrachte. Die Frage ist einzig, wer im Lauf seines Lebens die Struktur *Unternehmen* am stärksten *gestützt* hat. Die Struktur *Unternehmen* wird nun einmal in der Regel stärker geschwächt durch das Ausfallen der Teil-Formel *Chef* als durch das Ausfallen einer Teil-Formel *Hilfsarbeiter*.

Die Mathematik der Strukturen wird in Todesanzeigen regelmäßig präzise durchexerziert. Der Tod macht uns so ehrlich wie sorgfältig. Wenn etwa mehrere vom Todesfall geschwächte Formeln (hier gemeint: Menschen oder Einzelfirmen) selbst Teil-Formeln einer größeren Struktur sind (hier: Familien oder Firmengruppen), dann schalten sie eine gemeinsame Todesanzeige. Die Kinder schalten eine gemeinsame Anzeige mit den Enkeln. Die Firmengruppe schaltet eine große Anzeige, statt dass jede Tochterfirma einzeln eine kleinere Anzeige schaltet. Je größer die Strukturen sind, die den Tod eines Menschen als Schwächung empfinden, umso »größer« erscheint uns der Mensch im Tod.

Ich als Mensch bin definiert über die Strukturen, derer Teil ich bin. Sicher, es gibt Menschen, die würden das bestreiten. »Ich lasse mich nicht über irgendwas definieren!«, rufen sie, oder: »Ich bin ich selbst.« – Dann kratzt man etwas an der Oberfläche dieser selbsterklärten Solitäre, und schon sind es oft genau diese, die am meisten nach Zugehörigkeit dürsten.

Ich bin, welche Strukturen ich stütze. Ich bin nicht, wie viel Geld oder wie viele virtuelle Freunde ich habe. Es soll Millionäre gegeben haben, die wurden einsam begraben. Als aber Dostojewski starb, folgten zehntausende Menschen dem Trauerzug von seiner Wohnung zur Kirche. Niemand von ihnen folgte, weil er ein Erbe erwartete oder anders praktisch verpflichtet war. Die, die um ihn trauerten, waren Leser. Sie taten es aus Dankbarkeit. Fyodor Mikhailovich Dostoyevsky hatte, so empfanden die Trauernden, ihre individuellen wie auch die gemeinsamen Strukturen gestützt.

II

MEDITATIONEN

13

IN LOVE WE DISAPPEAR

Ich bin einmal in einer Zeitschrift auf eines der schwarzweißen Bilder aus der deutschen Nazi-Zeit gestoßen. Ich sah die Swastika, also das »Hakenkreuz« auf den Bannern und ich erschrak! Etwas stimmte nicht – aber was?

Doch dann wurde mir klar, woran mein Verstand sich verschluckt hatte.

In den Wochen und Monaten zuvor war ich viel unter Buddhisten gewesen. Ich hatte etwas Pali gelernt, also die Sprache, in der die Reden des Buddha überliefert sind. Ich hatte meditiert, bis mein Rücken knackste, und am nächsten Tag dann wieder. Die Swastika aber ist im asiatischen Raum ein Symbol des Lebens. Manche Buddha-Statue trägt die Swastika auf der Stirn. Ich hatte so viel Zeit in jener anderen, unschuldigeren Sphäre verbracht, dass ich kurz vergessen hatte, wie und woher die meisten Menschen im Westen die Swastika kennen. Ich war, so fühlte es sich an, »reiner« geworden. Innerlich, seelisch sauberer. Wie schmerzhaft war es in Folge, an das Leid erinnert zu werden, für das dieses Symbol eben *auch* steht! Dieses Leid und Unrecht sind Teil deutscher Geschichte, und damit auch ein Teil von mir.

Die Phase der Meditation hatte mich für eine Zeit von all der Last befreit. Doch dann musste ich wieder zurück. Leonard Cohen singt im Lied *Boogie Street*:

> »I'm wanted at the traffic jam, they're saving me a seat, I'm what I am, and what I am is back on boogie street.«

Das Lied *Boogie Street* handelt von der Notwendigkeit, aus der Welt von Meditation und Kontemplation herauszutreten, zurück in die Realität, auf die »Boogie Street«, in das Arbeitsleben.

Man könnte nun schlussfolgern, wenn man sowieso zurückkehren muss aus jener besseren Sphäre in die Niederungen des Alltags, warum erst überhaupt dort hinaufsteigen? Dieser Gedanke ist ein Fehler. Wasche ich mich etwa nicht, weil ich bald wieder schwitzen werde? Höre ich bei Musik weg, weil sie aufhören wird? Blättere ich die Seiten eines spannenden Buches nicht um, weil es sowieso zu Ende gehen wird? Nein, ich lese schneller und blättere schneller, um es ganz in mich aufzunehmen.

Es herrscht gelegentlich der nicht ganz richtige Glaube, Meditation würde notwendigerweise erfordern, »nichts« zu denken. Meditation sei »Leere im Hirn«. Bei einem gesunden, nüchternen Menschen ist das allerdings kaum möglich. Genauer als »Nichtdenken« wäre, zumindest nach meinen Lehrern, zu sagen: *seine Gedanken beobachten*.

Wenn uns ein Anderer beobachtet – erst recht, wenn dies ein Anderer ist, an dessen Urteil uns gelegen ist – dann straffen wir unseren Rücken und unser Benehmen. Meditation beginnt mit der Beobachtung meiner selbst, das hat sie mit der westlichen Philosophie gemein.

Man könnte sagen, dass auch der gläubige Blick auf die Götter in Wahrheit, also als Wahrheit hinter der Wahrheit, der Menschheitsblick in einen Spiegel ist, in einen ganz besonderen Spiegel, welcher die menschliche Güte wie die menschliche Bosheit hundert- und tausendfach verstärkt. Die Güte der Götter ist unsere eigene Güte, nur tausendmal verstärkt. Die Bosheit der Dämonen ist unsere eigene Bosheit, nur hundertmal verstärkt.

Meditation beginnt mit dem Hinsetzen. Wer es kann, der sitzt im Lotussitz. Wir schließen die Augen, aber nur halb. Wer die Augen ganz schließt, der könnte ganz einschlafen! Schlaf ist Ablenkung, sagen die Weisen. In den Sagen der Griechen sind *Thanatos*, der Gott des Todes, und *Hypnos*, der Gott des Schlafes, ein Zwillingspaar. Im Talmud der Juden wird Schlaf als *Ein Sechzigstel des Todes* beschrieben. Nach dem Schlaf hat man, sagen die Rabbiner, seine Hände zu waschen, ganz genauso wie nach dem Besuch eines Friedhofs.

Meditation ist nicht Schlaf. Der Schlafende tritt aus sich heraus. Der Meditierende und der Formelstudierende treten in sich hinein. Wir verstehen die Formeln der Welt von innen heraus. Wir greifen in die Welt hinein, nicht die Welt in uns.

Wer seine Gedanken beobachtet, der wird Herr über diese. Ein König tritt in seinen Empfangssaal. Die schwätzenden Beamten verstummen. Wäre der König verkleidet in den

Empfangssaal getreten, so dass keiner ihn erkennt, dann hätten seine Beamten wohl kaum ihren Austausch von Banalitäten unterbrochen. Vielleicht hätten sie sich um den Kopf geredet, fälschlich meinend, der König sei weit fort. Nein, die Beamten verstummen. Und wenn sie nicht verstummen, so ordnen sie wenigstens ihre Rede, wenn sie den Blick des Herrschers auf sich spüren. Der Meditierende wir zum Herrscher über seine Gedanken. Beherrsche deine Gedanken. Beginne die Herrschaft über deine Gedanken, indem du in ihren Raum trittst. Beobachte deine Gedanken, wie ein König seinen Saal betritt, seinen Thron besetzt und seinen Blick über die Beamten lenkt.

Wenn du deine Gedanken beobachtest, werden deine Gedanken zur Ruhe kommen wie ein See, wenn der Wind nachlässt. Auch auf dem ruhigsten See ist immer noch ein Kräuseln. Auf deinen Gedanken wird immer ein Kräuseln bleiben. Du wirst denken, solange du lebst. Solange du denkst, lebst du. Selbst der Schlafende denkt. In seinen Gedanken probiert der Schlafende alte und neue Situationen aus, das sind seine Träume. Träume sind eine frühe Form von Philosophie und Wissenschaft, sie sind aber weder Philosophie noch Wissenschaft.

Das Denken über Formeln ist Meditation. Seine Gedanken als Formel und Funktion zu betrachten ist eine sehr genaue Beobachtung. Der als Formel betrachtete Gedanke kommt zur Ruhe.

Seien wir ehrlich! Die Welt als Formel und Funktion zu betrachten ist eine kleine Flucht. Das Betrachten von Formel und Funktion kann keine dauerhafte Flucht sein. Dafür ist die

Arbeit, die es dem Menschen abverlangt, zu mühevoll. Aber eine kleine Flucht, wie auf dem Meer zu surfen oder auf einen Vulkan zu steigen, das kann die Meditation durchaus sein. Anstrengend und doch erfrischend. Ja, wir entfliehen den Mühen der Ebene. Wir fliehen hinauf. Wir fliehen aber nicht aus Hass, nicht aus Ablehnung all der kleinen Lästigkeiten. Wir fliehen, nur kurz, in die Meditation. Wir fliehen in die Welt der Formeln und Funktionen. Von halber Höhe des Berges aus überblickt man die Stadt besser als wenn man in einer dunklen Gasse steht, selbst wenn diese nah an der Stadtverwaltung liegt.

Ich bin in den Straßen Kölns aufgewachsen. Touristen fragen die Einheimischen bei Gelegenheit, wo eigentlich dieser Dom sei. Wie erstaunt sind solche Touristen, wenn man ihnen sagt, der Dom befinde sich gleich an der nächsten Straßenecke! Wenn hässliche Rundfunkgebäude einem die Sicht versperren, kann es passieren, dass man sich nur einen kräftigen Steinwurf entfernt vom Dom befindet und zugleich meint, es sei noch eine Stunde Fußweg dahin.

Wir fliehen nicht aus Hass, wir fliehen aus Liebe. Im Lied *Boogie Street* singt Leonard Cohen weiter:

»It is in love that we are made, in love we disappear.«

14

DAS UNIVERSUM UND ICH

Ich war einmal auf einer Hochzeit eingeladen, einer fröhlichen Angelegenheit mit ernsten Bediensteten, Skulpturen aus Eis, einer Rockband und exquisiter Tischdekoration auf allen Tischen. Das Essen wurde auf die schwere, weiße Tischdecke gestellt und die Getränke fast unsichtbar nachgeschenkt. Als Gast musste man nur die jeweils richtigen Bestecke wählen – und das war Arbeit genug! Zwischen dem Foie gras und den Filets, in einer Essenspause, kurz wie der Wimpernschlag einer Zwergwachtel, gebraten in Honigkräutern, überkam mich die Lust auf etwas frisches Obst. In der Tischdekoration vor mir sah ich einen glänzenden, prallen, tiefroten Apfel. Ich nahm also was ich für einen Apfel hielt und biss hinein. – Pfui, es war Wachs! Wer legt wächserne Äpfel auf einen Tisch?! – »Es ist Dekoration«, lachte mein Tischnachbar. Nun, die an jenem Tag begründete Ehe ist inzwischen geschieden, an den bitter-seifigen Geschmack des Wachsapfels erinnere ich mich aber bis heute.

War dieses Ding, in das ich da gebissen hatte, eigentlich wirklich ein »Apfel« – und bedeutet diese Frage überhaupt etwas? Was war »defekt« an dieser Formel, die die Formel für »Apfel« in meinem Kopf ausgelöst hatte?

Bittet man jemanden, die Formel »Apfel« zu beschreiben, er wird wohl von »rund« und »etwa acht bis zehn Zentimeter im Durchmesser« berichten, vom Kerngehäuse und von der besonderen Zellstruktur des Fruchtfleisches – lauter innere Eigenschaften.

Die Formel, die ich für »Apfel« gespeichert habe, enthält aber, wie ich am Wachsapfel merkte, wohl noch eine Reihe weiterer äußerer Eigenschaften. Zum Beispiel ist ein Apfel gemeinhin *essbar*. Das war mir nicht aktiv als Apfel-Funktion bewusst, bis ich in einen Apfel biss, bei dem sie fehlte.

Dass ein Apfel essbar ist, ergibt sich aus den Eigenschaften des Apfels und den Eigenschaften der Welt. Wäre der Apfel anders beschaffen, etwa wie ein Stein, oder wären Menschen anders beschaffen und könnten Äpfel nicht verdauen, dann gälte der Apfel nicht als »essbar«. Die Essbarkeit eines Apfels ist eine seiner *Funktionen*.

Im allgemeinen Sprachgebrauch bezeichnet »Funktion« nur eine Auswahl der Beziehungen einer Struktur mit den umgebenden Strukturen. Allgemein gilt als »Funktion« eines Automobils, Menschen und Güter von A nach B zu bewegen – nicht aber, Schadstoffe abzugeben, sei es via Auspuff oder Elektrizitätswerk. Für uns jedoch ist beides *Funktion*. Wir nennen *alle* Beziehungen einer Formel einheitlich »Funktionen«.

Jenem Hochzeitsapfel fehlte die *Funktion* essbar zu sein – er war ja aus Wachs gemacht!

Man könnte nun diskutieren, ob das Ding immer noch ein »Apfel« zu nennen sei. Ist Essbarkeit eine notwendige oder eine zufällige Eigenschaft? Gehört zum Apfel-Wesen dazu, auf einem Baum gewachsen zu sein, und muss es ein *Apfel*-baum sein oder wäre diese Forderung zirkulär? Diese letzten Fragen beschäftigen uns hier nicht, denn sie führen in die Irre, und wir brauchen sie für unseren Zweck nicht.

Wir wollen sagen, was wir klar und sinnvoll sagen können: Dieses Wachsding unterschied sich in der Funktion *Essbarkeit* von der unter »Apfel« in meinem Kopf abgespeicherten Formel. Deshalb musste ich danach minutenlang das Wachs aus meinen Zähnen pulen.

15

FUNKTION UND FUNKTIONSWEISE

Wenn eine Computerfirma ein neues, wunderbares Gerät auf den Markt bringt, das durch seine Funktionalität und äußere Eleganz beeindruckt, wird man innerhalb weniger Stunden jemanden im Internet finden, der das Gerät auseinandernimmt, Fotos vom inneren Aufbau macht und erklärt, wie das Gerät »funktioniert«, sprich: wie bei diesem Gerät (der Struktur) die inneren Formeln (der Aufbau) die äußeren Formeln (die Funktion) bewirken (die Funktionsweise). Im Alltag jedoch ist die Funktion, die äußeren Formeln, alles, was wir für erfolgreiches Handeln benötigen.

Unsere Ideen enthalten meist nur maximal so viele Informationen über den Aufbau einer Struktur wie unbedingt notwendig. Meine »Strom«-Idee enthält fast ausschließlich Beschreibungen der Funktionen von Strom, also der äußeren Strukturen, aber praktisch keine über die inneren. Ich benötige ja keine Informationen über die innere Physik von

Elektrizität, um einen Stecker in die Steckdose zu stecken und auf den Knopf zu drücken. Strom ist, soweit ich betroffen bin, etwas, das aus der Steckdose in die Maschine gelangt und bewirkt, dass die Maschine selbst wieder ihre Funktionen, also ihre äußeren Strukturen, realisieren kann. Strom kann in Akkus gespeichert werden und wenn allzu starker Strom in den menschlichen Körper gelangt, zuckt letzterer erst sehr, dann überhaupt nicht mehr.

Aus der Schulzeit erinnere ich mich dunkel, dass Strom aus hin- und her fließenden Elektronen besteht - was auch immer »Elektronen« sein mögen. Aber das ist schon alles an nichtfunktionalem Wissen, das ich über Strom habe.

Im Alltag, wenn es etwa darum geht, einen Staubsauger anzuschalten, ist mein rein funktionales Wissen über Strom gleichwertig dem Wissen eines Physik-Professors.

Für die gelingende Kommunikation zwischen Menschen genügt es in der Regel, dass wir uns über die äußeren Strukturen, also die äußere Funktion, einig sind.

16

FORMELN UND VARIABLEN

Wenn Mathematiker über »Formeln« reden, meinen sie etwas Ähnliches wie wir Normalsterblichen. Eigentlich meinen sie genau dasselbe, nur viel, viel präziser, und in einer ganz anderen, entsprechend präziseren Sprache. Wir wollen uns hier die Sprache der Mathematiker leihen.

Unter dem Wort »Formel« versteht man im Alltagsgebrauch so etwas:

In der Schule haben wir gelernt, dass eine Formel eine Gleichung mit mehreren »Leerstellen« ist. Die Stellen stehen zum Beispiel für Zahlenwerte. Oft sind eine oder mehrere dieser »Stellen« bereits mit festen Werten (Zahlen) belegt, während einige offen sind (Variablen).

Die einzige Formel, welche viele von uns noch aus der Schulzeit im Gedächtnis behalten, ist der »Satz des Pythagoras«: $a^2 + b^2 = c^2$. Er besagt, dass in einem rechtwinkligen Dreieck die Quadrate der beiden Seiten, die am rechten Winkel anliegen, zusammengenommen so groß sind wie das Quadrat der gegenüberliegenden Seite.

Eine bestimmte Physik-Formel ist so populär, dass sie auf T-Shirts abgedruckt wird: »$E = mc^2$« – Es ist Albert Einsteins Formel zur Äquivalenz von Masse und Energie. Die Popularität dieser Formel wird unterstützt von Einsteins Image als genialem Opi mit wild-weißem Haar und herausgestreckter Zunge. Dabei war Albert Einstein in seinem »Wunderjahr« 1905, als er den Artikel »Zur Elektrodynamik bewegter Körper« schrieb, gerade mal 26 Jahre alt und von Berufs wegen ein adretter Bürokrat des Schweizer Patentamts in Bern.

Eine Formel in der Physik oder Mathematik greift immer nur eine oder einige wenige Eigenschaften aus der Welt heraus – die Eigenschaften, über die man gerade reden möchte. Dies ist nützlich, denn unser Denken ist endlich und das Denken in (hier: mathematischen) Formeln hilft uns, den Geist auf das jeweils Wichtige zu richten und das Unwichtige für den Augenblick beiseite zu lassen. Doch, frei nach Goethe gilt es, stets zu bedenken: Es gibt mehr Formeln im Himmel und auf Erden, als unsere Strukturen-Weisheit sich träumen lässt.

17

WIDERSPRUCH UND WIDERSPRUCHSFREIHEIT

Betrachten wir noch einmal die obige Formel #1:

Setzen wir für »y« den Wert 1 ein:

Und für »x« den Wert 3:

Der Ausdruck »das ergibt für x‹ ließe sich so ausformulieren: »Wir gehen davon aus, dass die Formel in sich widerspruchsfrei ist - oder werden soll. Wenn wir erst einmal für ›x‹ den Wert 3 eingesetzt haben, erreichen wir die Widerspruchsfreiheit nur dann, wenn wir für ›y‹ den Wert 1 einsetzen.«

Hätten wir einen anderen Wert für »y« eingesetzt, hätten wir für »x« auch einen anderen Wert einsetzen müssen, immer unausgesprochen davon ausgehend, dass das Ziel unserer Handlung die Widerspruchsfreiheit der Formel ist.

Wir können für »x« und »y« verschiedene Wertepaare widerspruchsfrei einsetzen, zum Beispiel <6,4>, <10,8> oder <29387,29385>:

Wenn wir Formel #1 mit den verschiedenen eingesetzten

Werten betrachten, stellen wir fest: »x = y + 2« heißt nichts anderes als »x ist um 2 größer als y«. Also wird Formel #1 *widerspruchsfrei* durch die Einsetzung jedes Wertepaares, bei welchem der erste Wert um 2 größer als der zweite Wert ist.

Jedes Wertepaar aber, bei dem der erste Wert nicht um 2 größer als der zweite ist, wird unsere Formel in den Widerspruch schicken.

Auch im sogenannten »echten« Leben gibt es Formeln, die mal gut funktionieren und mal komplett in Widerspruch geraten, je nachdem, welche Teil-Formeln man einsetzt.

Es gibt etwa dieses schwedische Möbelhaus, das nach amerikanischer Legende dafür geschaffen wurde, selbst die stabilste Beziehung innerhalb eines einzigen Besuchs zu erschüttern. Zwischen Duftkerzen und Möbelbausätzen erfahren Paare, dass was Gott zusammengefügt hat, der Möbelschwede doch wieder scheiden kann.
Erstaunlicherweise vertragen wir Wegners als Familie diese Besuche recht gut. Letztens etwa beschlossen wir, ein Schuhregal zu kaufen und zogen also los. Die Kinder durften wie jedes Mal ausnahmsweise die typischen Fleischbällchen essen und die Eltern wurden mit billigem Kaffee glücklichgestellt. Wir kamen, wie gesagt, um ein Schuhregal zu kaufen, nichts als ein Schuhregal – und am Abend zogen wir glücklich von dannen, mit drei Einkaufswagen voller Küchenzubehör, vier Topfpflanzen, fünf Teppichen, sowie dem festen Entschluss, nächste Woche noch einmal vorbeizuschauen und eine definitive Entscheidung ob des Schuhregals zu treffen. Unsere Familienformel wird nicht von deren Tricks in den Widerspruch gebracht, oh nein!

Beziehungen zwischen Menschen sind überhaupt ein gutes Bild, um zu verdeutlichen, wie dieselbe Formel mal stabilisiert wird und mal zum Widerspruch gebracht, je nachdem, welchen Wert man in ihre Leerstellen einsetzt. Manche Beziehungen werden durch gemeinsame Kinder stärker, andere Beziehungen zerbrechen an ihnen. Manche Beziehungen werden durch ein gemeinsames Unternehmen oder Ladengeschäft stärker, andere scheitern am Stress, der sich ins Privatleben fortsetzt. Manchen Paaren tut es gut, gemeinsam Sport zu treiben – für andere wäre es ein sicherer Trennungsgrund.

Wenn die Formel nicht zu dem passt, was wir in ihre Leerstellen einsetzen, wird sie in Widerspruch geraten. Und entsprechend: Wenn der Wert, den wir in eine Formel einsetzen, nicht zur Formel passt, wird die Formel in Widerspruch geraten – und alle Beteiligten werden unglücklich werden. Was dem einen Menschen eine Freude und Bereicherung ist, kann für den anderen Menschen ein Desaster und Trauma sein. Weil die Menschen verschieden sind, sind auch die Beziehungen, die sie sinnvoll eingehen können, verschieden.

Die Werte, die wir in die Leerstellen von Formeln einsetzen, sind natürlich selbst wieder Formeln – alles ist Formel. Der Wert 2 kann verstanden werden als die Formel »1+1«, also ein Zusammengesetztes. Und der Wert 1? Beantworten wir die Frage nach der 1 metaphysisch: Die Formel für 1 ist das Verhältnis aller und aller einzelnen Dinge zu sich selbst.

18

DIE STABILITÄT VON FORMELN

Alles ist Formel(n). Unsere Welt ist eine Formel mit vielen Leerstellen, weit mehr als wir jemals werden zählen können, und doch sind ihre Leerstellen in der Theorie, also rein *prinzipiell*, zählbar.

Unsere Welt ist Formeln, die in andere Formeln eingesetzt wurden. Die Welt wäre für unseren Geist sehr viel einfacher zu verstehen, wenn die Formeln immer brav hierarchisch ineinander gestapelt wären, die kleinste Formel in der etwas größeren Formel, diese wieder in einer etwas größeren Formel, bis hin zur letzten Formel, die schließlich eine Leerstelle im Universum füllt (das Universum als größte Formel, die selbst noch eine Leerstelle hat, aber keine mehr besetzen kann oder muss), wie Töpfe im Schrank oder diese russischen Matrjoshka-Puppen, der Größe nach ineinander. So ist es aber nicht (außer wir richten es für uns persönlich so ein). Die Formeln der Welt besetzen einander die Leerstellen, kreuz und quer über den Planeten, so dass sich ein Netzwerk über die Welt und sogar über die Zeiten bildet. Wir essen Obst, das auf der anderen Seite der Weltkugel angepflanzt wurde, angebaut und geerntet von Menschen, die Werkzeug benutzen, das selbst wiederum ganz woanders auf dem Planeten erfunden wurde. Wir arbeiten mit Ideen, die in anderen Zeiten entwickelt wurden.

Die Menschheit hat die *Schrift* erfunden, und mit Schrift kann sie Ideen – also Formeln, die Formeln *beschreiben* – über Zeit und Raum hinweg weitergeben.

Die Welt zu verstehen bedeutet, die Formeln der Welt zu sehen. Wir wollen versuchen, nicht nur Werte, sondern auch Formeln in Formeln einzusetzen.

Nehmen wir nun die obige Formel #1 und gestalten sie graphisch so um, dass man auch ganze Formeln einsetzen kann. Wir benennen sie in »Formel #2« um:

Wir können zum Beispiel einsetzen:

- für x: »a + 4«
- für y: »a + 2«

Das sieht dann so aus:

Und, hoppla, haben wir uns eine Tautologie geschaffen, also eine absolut stabilisierte Formel. Egal, was wir in Formel #2a als Wert für die Variable »a« einsetzen, Formel #2a wird immer widerspruchsfrei sein.

Wenn wir schon dabei sind, »absolut« zu denken, dann lassen Sie uns Formel #2 in absoluten Widerspruch führen.

Wir setzen ein:

- für x: »a - 2«
- für y: »a + 1«

Das sieht dann so aus:

Es gibt keinen Wert, der für »a« eingesetzt werden könnte, ohne dass #2b in Widerspruch gerät. Ob Sie den Wert 2 für a einsetzen (Ergebnis: 0 = 5) oder vielleicht -10.000 einsetzen (Ergebnis: -10002 = -9997), die Formel wird immer im Widerspruch sein.

Lassen Sie uns jetzt Formeln einsetzen, die weder absolut stabilisieren noch absolut destabilisieren.

Wir setzen ein:

- für x: »a * 3«
- für y: »a * 2«

Wir erhalten:

Wenn wir nun für »a« etwa die Zahlen von 1 bis 10 einsetzen, sehen wir, dass die Formel, bis auf eine Ausnahme, immer in Widerspruch gerät. Die eine Ausnahme ist der Wert 2. Wenn wir 2 für a einsetzen, lautet die Formel:

Und das ist nichts anderes als: 6 = 6.

Die Formel #2d ist sehr instabil: Es gibt einen einzigen Wert, der eingesetzt werden kann und bei allen anderen Werten gerät sie in Widerspruch. Vielleicht kennen Sie ja Menschen, bei denen es ähnlich ist.

19

STABILITÄT UND WIDERSPRUCH

»Stabilität« bezeichnet die Anzahl der Möglichkeiten, eine Formel in Widerspruch zu setzen.

Um den »Grad von Stabilität« einer Struktur zu verstehen, kann es helfen, den Vergleich mit der »seelischen Stabilität« von Menschen heranzuziehen. Einem seelisch stabilen Menschen können Sie fast alles an den Kopf werfen, er hat »die Ruhe weg«. Egal welches Schimpfwort Sie »in seine Formel einsetzen«, es scheint sehr schwer, ihn zu destabilisieren. Ein seelisch instabiler Mensch dagegen wird bereits durch einen Blick in seine Augen, also durch die wohl kleinste mögliche Kommunikationseinheit, destabilisiert.

Ähnlich mit Häusern: Je mehr Möglichkeiten es gibt, ein Haus zum Einsturz zu bringen, umso weniger stabil ist es.

Nehmen wir etwa diese Formel:

(Wie immer gehen wir davon aus, dass wir nur natürliche Zahlen einsetzen können, also 1,2,3 und so weiter.)

Wenn wir für »x« und für »y« jeweils die Werte von 0 bis 9

einsetzen, erhalten wir 100 mögliche Zustände der Formel #3. Die meisten davon sind im Widerspruch, sind absolut destabilisiert, doch für fünf Wertepaare wird die Formel #3 absolut stabil: <0,0>, <2,1>, <4,2>, <6,3> und <8,4>.

Betrachten wir nun diese Formel:

Wenn wir wieder für »x« und für »y« jeweils die Werte von 0 bis 9 einsetzen, erhalten wir wieder 100 Werte. Diesmal aber wird die Formel nur für vier Wertepaare stabil: <0,0>, <3,1>, <6,2> und <9,3>.

Bei Einsetzung der Werte 0 bis 9 für jede der zwei Leerstellen in beiden Formeln stellen wir fest, dass Formel #3 einmal häufiger stabil wird. Wir können also sagen: »Formel #3 ist stabiler als Formel #4«.

20

STABILISIERUNG, ZUR WIEDERHOLUNG

Eine komplexe Formel stabilisiert eine andere, wenn sie die Zahl der Möglichkeiten, sie in den Widerspruch zu führen, verringert.

Eine komplexe Formel stabilisiert eine andere Formel absolut, wenn sie sämtliche Möglichkeiten beseitigt, diese Formel in den Widerspruch zu führen. (Das ist die *Tautologie*.)

Eine komplexe Formel destabilisiert eine Formel, wenn sie die Möglichkeiten vermehrt, diese Formel in den Widerspruch zu führen.

Wenn eine Formel eine andere in den Widerspruch führt, könnte man auch sagen, dass sie sie absolut destabilisiert hat. (Das ist die *Vernichtung*.)

Eine Formel ist im Widerspruch, wenn es keine Möglichkeit gibt, in sie andere Formeln einzusetzen oder sie in andere Formeln einzusetzen so dass diese tautologisch wird.

Alles ist Formel und alle Formeln sind verbunden – das ist unser großes Problem und unsere beste Chance.

21

FORMELN STABILER MACHEN

Die Reibereien und Widersprüche (innere wie äußere) unseres Alltags hängen stets damit zusammen, dass Formeln einander *stabilisieren* oder *destabilisieren*.

Nehmen wir etwa das Kind, das seinen Brokkoli essen soll.

Die Mutter weiß, dass der Brokkoli dem Körper des Kindes »gut tun«, sprich die Formel »Körper des Kindes« *stabilisieren* wird. (Statt »stabilisieren« sagen wir auch **»stärken«** oder **»stützen«** – es bedeutet dasselbe, ist aber je nach Situation verständlicher. Wichtig ist auch, dass wir zum Beispiel in diesem Fall *vergleichen*. Der Brokkoli stabilisiert mehr im Vergleich zu anderer Nahrung.)

Nun »mag« das Kind aber unter Umständen den Brokkoli nicht, er »schmeckt ihm nicht«.

Wir haben es also mit zwei Formeln zu tun: 1. Der körperlichen Gesundheit des Kindes und 2. seinem geschmacklichen Wohlgefühl. (Es ist ja nicht so, dass dem Kind die eigene Gesundheit egal wäre, oder der Mutter das

Geschmackserlebnis des Kindes, diese Formeln sind ihnen nur eben unterschiedlich wichtig – Stichwort »gefühlte Relevanz«.)

Die Mutter möchte die Formel »Brokkoli« in die Formel »Körper des Kindes« einsetzen, weil diese dadurch *stabiler* wird. Das Kind möchte die Einsetzung der Formel »Brokkoli« in sich verhindern, da dadurch seine Formel »Geschmackswohlgefühl« *destabilisiert* wird.

Lassen Sie uns das wieder anhand einer Formel nachbilden.

Unsere Ausgangsformel sei:

Man könnte es als Metapher aufs Leben interpretieren: »x«, »y« und »z« stehen für die verschiedenen Bestandteile, die es braucht, den Menschen am Leben zu erhalten. »x« könnte für Sport stehen, »y« für gesunde Ernährung und »z« für eine positive Einstellung zum Leben. (Natürlich ist der Mensch viel komplexer, es geht hier ums Prinzip.) Nehmen wir an, die praktisch möglichen Werte betragen jeweils 0 bis 10.

Wenn nur ein einziger der Werte 0 beträgt, wird es unmöglich, die linke Seite »> 100« zu bekommen. Sprich: Kein Sport, keine gesunde Ernährung oder keine gute Laune, und Sie sind tot – zum Glück nur in unserer Beispielgleichung.

Doch, nehmen wir an, Sie betreiben alle drei auch nur halbherzig, »mittelmäßig« sozusagen, dann können Sie jeweils eine »5« als Wert einsetzen:

Wenn Sie #5a ausrechnen, erhalten Sie »125 > 100«, und das ist richtig. Unser Beispiel lässt sich so in Menschensprache übersetzen: »Wenn der Mensch auch nur mittelmäßig Sport treibt, gesund isst und glücklich ist, kann er leben.«

Doch, bringen wir den Brokkoli ins Spiel!

Brokkoli ist wirklich sehr gesund, also lassen Sie uns »y« hier auf 10 setzen:

Wenn wir das ausrechnen, ergibt #5b: »250 > 100«!

Wow, wenn Brokkoli so gesund ist, dann könnten wir ja (nur in diesem Beispiel!) *viel* weniger Sport machen und trotzdem überleben, oder? Und tatsächlich: Wir können Sport auf 3 reduzieren und es geht uns noch immer knorke:

Ausgerechnet ergibt #5c »150 > 100« - noch immer eine Satte Reserve. Wir könnten sogar die gute Laune auf 4 herunterfahren, dann hätten wir »120 > 100«, was ja noch immer funktioniert. Darunter wird es dann aber eng. Auch die magische Kraft des Brokkoli ist nicht unendlich.

Eine Formel (oder: »Struktur«) zu »stabilisieren«, bedeutet, es »weniger wahrscheinlich« zu machen, dass sie falsch wird (»in Widerspruch gerät«). Anders gesagt: Wenn ich eine Formel *stabiler* mache (oder: »die Formel stärke«), gibt es logisch mehr Möglichkeiten dafür, was ich in die übrigen Leerstellen der Formel einsetzen kann. Eine Formel zu schwächen (oder: »weniger stabil zu machen«) aber bedeutet, die Anzahl der Werte (oder denkbaren Teilformeln), die in die anderen Leerstellen eingesetzt werden können, ohne dass es knirscht, kleiner zu machen.

Im logischen Kern meint die Mutter also: »Iss deinen Brokkoli, Kind, dann ist es etwas weniger schlimm, was sonst noch so passiert!«

22

ÄHNLICHKEIT

Ein alter Witz: Der Zoologie-Student hat vor der Prüfung alles über Elefanten gelernt. Es ist Klausurtag und die Fragen werden ausgeteilt. Entgegen der Erwartung des Studenten wird nicht nach Elefanten, sondern nach Mäusen gefragt! Der Student schreibt: »Mäuse haben lange Schwänze, ähnlich wie Elefanten einen langen Rüssel haben. Bei Elefanten unterscheidet man afrikanische und asiatische ...«

Was ist Ähnlichkeit? Es ist ein sehr selbstverständliches Konzept, das jeder versteht, doch es scheint vertrackt schwer, anzugeben, was es eigentlich bedeutet. Ein Mensch sieht einem anderen Menschen *ähnlich*, ein Duft *ähnelt* einem anderen, ein Lied erinnert uns an ein anderes, ein Kind sieht seiner Mutter oder seinem Vater *ähnlich* – was bedeutet dieses »ähnlich«?

Wenn eine Idee ganz selbstverständlich scheint, aber schwer zu erklären ist, dann ist sie wahrscheinlich angeboren. Es gibt inzwischen Roboter, die ungefähr wie ein Mensch oder ein Tier gehen können, doch sie sind ebenso teuer wie fragil. Selbst der schlichteste Mensch lernt aber schnell zu gehen, und Pferdefohlen stehen bereits bald nach der Geburt auf. Beim Schachspiel ist es ganz anders! Selbst ein gewöhnlicher Computer schlägt die allermeisten Schachspieler mit Leichtigkeit, der Mensch aber braucht auch mit vollem Einsatz viele Jahre und noch mehr Talent zur Meisterschaft. Das Gehen ist dem Menschen angeboren, das Schachspiel ist es nicht.

Mit der Ähnlichkeit ist es wohl ähnlich. Dinge *ähnlich* finden zu können ist überlebenswichtig. Wenn eine Pflanze den Onkel vergiftet hatte, war es wichtig, dass der ganze Stamm ab sofort alle Pflanzen mied, die der giftigen Pflanze *ähnelten*. Wurde Ähnlichkeit zu großzügig ausgelegt, riskierte man zu verhungern, denn dann konnte man ja nichts mehr essen. Wurde Ähnlichkeit zu eng ausgelegt, aß man doch wieder auch giftige Exemplare, die nur ein wenig anders ausgesehen hatten. »Präzise Ähnlichkeit« rettet Leben.

Wir wollen versuchen, die Idee der Ähnlichkeit so genau und doch so praktisch wie möglich zu greifen.

Etwa so:

> Zwei Objekte sind ähnlich, wenn die entscheidenden Teilformeln mit möglichst wenigen, möglichst verhältniswahrenden Operationen ineinander umwandelbar sind.

Erlauben Sie mir, das zu illustrieren:

Die Formeln #6 und #7 lassen sich leicht auf die jeweils

andere reduzieren, indem man sie mit 2 beziehungsweise mit 0.5 multipliziert.

Solche Ähnlichkeit erinnert an ein Modell und sein Vorbild, die sich *ähnlich* sind, insofern als die einzelnen Elemente, Kanten und Flächen innerhalb des Modells und des Originals im gleichen Verhältnis zueinander stehen.

Betrachten wir zwei weitere Formeln!

Die Formeln #8 und #9 sind sich *teilweise* ähnlich. Die zweite Hälfte der Formeln ist jeweils leicht in die zweite Hälfte der anderen Formeln umzuwandeln (»*2« bzw. »*0.5«), die erste Hälfte bräuchte deutlich größeren Aufwand. Je kleiner der Aufwand ist, den ich brauche, um eine Formel in eine andere umzuwandeln, um so ähnlicher sind sie.

Nehmen wir etwa eine Pferdekutsche, einen PKW und ein Motorrad. Wem ähnelt der PKW mehr, dem Motorrad oder der Pferdekutsche?

Die Antwort ist: Es kommt darauf an, welche Teilformeln man vergleicht.

Vergleicht man die Teilformeln *Anzahl der Räder* und *Anzahl möglicher Fahrgäste*, ähnelt das Auto eher der Kutsche als dem Motorrad. Betrachtet man aber die Teilformeln *Art des Motors* und *Reisegeschwindigkeit*, dann ist das Auto dem Motorrad *ähnlicher*.

»Ähnlich« sind Formeln, die sich in wenigen und wenig drastischen Schritten ineinander umformen lassen. Wenn die notwendige Umrechnung einfach nur »* 1« (oder: »+ 0«) ist, sich also nichts verändern muss, dann sind die (Teil-) Formeln *identisch*.

23

VERBINDUNGEN

Zwei Formeln sind *verbunden*, wenn es eine logische Möglichkeit gibt, dass eine die andere stabilisiert oder destabilisiert.

Dabei spielt es keine Rolle, ob die Möglichkeit der Stabilisation oder Destabilisation einseitig oder beidseitig ist.

Ein holistisches Universum, in unserem Sinne, ist ein Universum, in dem jede Formel mit jeder anderen Formel verbunden ist.

Soweit wir das heute beurteilen können, leben wir in einem holistischen Universum: Auch wenn manche Formeln sehr weit voneinander entfernt scheinen, ist es nicht auszuschließen, dass eine die andere stabilisieren oder destabilisieren kann.

Bei einer absolut stabilen Formel gibt es keine Möglichkeit, sie in den Widerspruch zu führen. Absolut stabile Formeln sind das, was Logiker »Tautologien« nennen. Eine Tautologie ist eine Formel, die stabil bleibt, unabhängig davon, welche Werte oder Teilformeln in verfügbare Leerstellen eingesetzt werden. Das einfachste Beispiel einer solchen tautologischen Formel ist »x = x«. Oder wie Gertrude Stein es formulierte: Eine Rose ist eine Rose ist eine Rose ist eine Rose.

24

LOGIK UND PRAGMATIK

Wir wollen die reale Praxis stützen und vorhersagen, deshalb müssen wir zwischen *logischer* und *pragmatischer* Stabilität unterscheiden. Der real existierende Alltag ist nicht so simpel wie unsere Formeln. Unsere geschriebenen Formeln sind *logisch*, die Praxis aber ist *pragmatisch*.

Die pragmatische Stabilität kann höher als die logische sein: Zwar hat eine Formel viele Leerstellen und damit viele Möglichkeiten, in Widerspruch gesetzt zu werden, doch in der Praxis ist es unwahrscheinlich, dass diese Fälle eintreten.

> *Beispiel:* Es gibt Millionen von Arten einen Menschen zu vergiften - in der Praxis passiert es uns fast nie, dass wir Arsen oder Zyankali in tödlicher Dosis zu uns nehmen.

Gelegentlich scheint die pragmatische Stabilität geringer als die logische. Dies sind die Fälle von unerwarteten Risiken.

Die Lücke zwischen logisch und pragmatisch ist epistemisch begründet und entsteht, wenn wir ansetzen, ein Ding der realen Welt als (»klassische«, logische) Formel in unserem Kopf abzubilden. Während wir das vielleicht noch adäquat hinbekommen, versagen wir darin, auch noch das vollständige logische Netzwerk möglicher Einsetzungen zu formulieren. Dennoch »ahnen« wir, dass wir einiges nicht bedacht haben und [illegible] innerhalb der einzusetzenden Formeln einiges von vornherein ausschließen kann, obwohl dies nicht explizit in der theoretischen Abbildung der realen Formel enthalten ist.

Der Unterschied zwischen der logischen und der pragmatischen Stabilität einer Formel ist also keine Eigenschaft der Formel, sondern beschreibt die Differenz zwischen unserem Verständnis der Funktionsweise dieser Formel, der inneren Details der einzusetzenden weiteren Formeln und unserer Erfahrung bezüglich der tatsächlichen Funktion dieser Formel.

Ein einfaches Beispiel: Ein Tisch. Der Tisch ist ja auch im täglichen Sprachgebrauch »stabil«. Logisch betrachtet ist selbst der massivste Tisch nicht *absolut* stabil. Kein Ding auf dieser Welt ist absolut stabil - es kann immer ein Meteor durchs Hausdach fallen und den Tisch absolut destabilisieren. Pragmatisch gesehen dagegen ist ein umgangssprachlich stabiler Tisch auch tatsächlich stabil: Die Anzahl der pragmatisch zu erwartenden Ereignisse, die dem Tisch passieren können (»die in die Tisch-Formel eingesetzt werden können«) ist praktisch Null.

Rein logisch betrachtet ist nichts in dieser Welt absolut

stabil. Doch um durch den Alltag zu kommen, sind wir darauf angewiesen, so zu tun, als wären Dinge mit recht kleiner Instabilitäts-Wahrscheinlichkeit absolut stabil. Eine Formel, der wir aus praktisch-vernünftigen Gründen durch unser Handeln immer wieder Stabilität zuschreiben, ist »pragmatisch stabil«. Bis unsere eine entscheidende Formel vom Schicksal vollständig destabilisiert wird, scheint es die beste Idee, auch unsere eigene Existenz als »pragmatisch stabil« zu betrachten. Es ist bislang unser bestes Rezept gegen die Verzweiflung.

III

SPRACHE UND WÖRTER

25

IDEEN, DIE FORMELN IM KOPF

Die zwei wohl wichtigsten Werkzeuge des Menschen im Umgang mit der Welt sind Waffen und Sprache. Diese beiden Ausdrucksformen des menschlichen Geistes sind verwandt. Man sagt ja »die Waffen sprechen lassen« und angeblich soll auch die Feder, also das Wort, mächtiger als das Schwert sein.

Diktatoren und Undemokraten lassen seit jeher ihre Untertanen ins Gefängnis werfen, wenn diese Mächtigen fürchten, dass die Bürger ihre eigenen Wörter zu Waffen machen könnten.

Mit Sprache sind wir in der Lage, die Formeln der Welt in unserem Kopf oder auf ein Träger-Medium zu speichern und sie immer wieder abzurufen.

Wenn ich das Wort »Brötchen« höre oder lese, dann aktiviert es eine bestimmte Formel in meinem Kopf, die »Idee«. (Formeln im Geist nennen wir »Ideen«.)

Die Idee, die von einem Wort aktiviert wird, ist nicht

unbedingt von der Form des konkreten Worts abhängig. In anderen Sprachen gibt es anders klingende Wörter für dieselben Ideen. Das Wort »Semmel« aktiviert bei einem Bayern eine Idee, die der Idee gleicht, welche bei mir vom Wort »Brötchen« aktiviert wird. Oder, anders gesagt: »Brötchen« lautet auf bayrisch »Semmel«.

Wörter sind wie die Tasten an einer Computertastatur. Wir wissen, was die einzelnen Tasten auslösen. Wir haben gelernt, was passiert, wenn wir die Taste in der ersten Zeile links außen drücken. Doch wenn Sie es gewohnt sind, eine deutsche »Qwertz- Tastatur« zu bedienen und das erste Mal auf einer amerikanischen »Qwerty- Tastatur« schreiben, werden Sie plötylich merkwürdige Fehler machen, weil ywei Tasten anders liegen und die Tasten, die Sie drückten, doch andere Yeichen im Computer aktivieren, als Sie erwarteten.

Sie haben in Ihrem Kopf »Ideen«, und mit »Idee« meinen wir hier nicht den spontanen Einfall, sondern eher so etwas wie die »Idee davon, wie etwas ist«, die »Formel im Kopf«.

Wir halten im Gehirn so viele Ideen über Außenwelt-Formeln vorrätig, wie unser Verstand meint, dass er fürs Überleben braucht. Einige unserer Ideen beziehen sich auf andere Menschen. Wir haben eine *Idee* davon, wie dieser oder jener Mensch *ist*. Wir halten *innere* Formeln für andere Formeln bereit. Ja, der Mitmensch ist eine Formel. (Manchmal fühlt er sich auch so an.) Sind unsere Formeln-im-Kopf immer ganz richtig, also in dem Sinne, dass sie ein genaues Modell der Formeln sind, auf die wir meinen, dass sie sich beziehen? Sind sie vollständig? Wahrscheinlich nicht und garantiert nicht. Bildung bedeutet, die Formeln in unserem Kopf detaillierter und präziser zu machen. Weisheit bedeutet, Formeln auch für die ganz großen Zusammenhänge parat zu haben und sich doch zugleich aller Unvollkommenheit und Indirektheit der eigenen Kopf-Formeln bewusst zu sein.

Der Weise weiß, dass er nie *wirklich* über die Welt spricht, wenn er spricht, sondern immer nur mit Hilfe der Ideen in seinem Kopf über andere Ideen in seinem Kopf. Weil er es weiß, und weil es ihn demütig und zugleich ein wenig wütend macht, versucht der Weise immerzu, seine Ideen täglich ein wenig genauer zu machen.

Es hat eine gewisse Traurigkeit: Sie werden nie näher an einen Menschen kommen, als bis an die Idee, die Sie von diesem Menschen in Ihrem Kopf haben. Selbst wenn er gerade in Ihren Armen liegt, wenn Sie seine Stimme im Bauch spüren und den Duft seiner Haut einatmen, ist es doch immer und immer nur Ihre Idee von ihm, in die Sie sich verlieben, über die Sie sich aufregen, die Sie irgendwann vielleicht hassen und mit der Sie sich dann doch wieder versöhnen. Ob Liebe oder Philosophie, es ist alles ein großes Selbstgespräch. Es gilt, einander zu helfen, unsere vielen Selbstgespräche immer weiter zu präzisieren, sie also mit der Welt zu versöhnen.

26

GENAUIGKEIT

Unsere Ideen sind meist nur so genau, wie es notwendig ist, um den Alltag zu überleben. Die Kaffee-Formel in Ihrem Kopf (also »Kaffee-Idee«) enthält wahrscheinlich keine Informationen über die chemische Zusammensetzung von Kaffee – außer wenn Sie Lebensmittelchemiker sind – aber wohl Informationen dazu, dass Kaffee aus Kaffeebohnen gemacht wird. Ihre Kaffee-Idee enthält codiert den typischen Kaffee-Geschmack und auch eine Erwartung dazu, wie Kaffee auf Ihren Körper wirken wird. Ihre Wasser-Idee wiederum enthält vielleicht aus der Schule noch Information über die chemische Zusammensetzung (H^2O), aber im Westen haben noch immer zu wenige Menschen – anders als beim Kaffee – auch die tägliche Notwendigkeit dieses Nahrungsmittels als Teil ihrer Wasser-Idee gespeichert. (Kurz: Trinkt mehr Wasser!)

Wenn man unseren Körper nur lässt, versucht er sein Bestes, alles zu entsorgen, was er für überflüssig hält. Das gilt für die Organe im Bauch genauso wie für das Organ im Kopf. Der Körper würde gern effizient arbeiten. Es fällt ihm nur manchmal schwer, denn für die heutigen Mengen an konsumoptimierter, aber latent giftiger Nahrung und Information waren weder Körper noch Geist vorgesehen.

Der Körper zieht nur die Nährstoffe aus der Nahrung, die er fürs Überleben zu brauchen meint. Chemikalien, Zucker und Geschmacksstoffe können ihm da böse Streiche spielen. Auch der Geist zieht nur die Informationen aus den Medien, die er fürs Überleben zu brauchen meint. Dopamin-optimierte Erzähltechniken, schneller Schnitt, Schock-Effekte, Über-Vereinfachung, professionelle Lügner und an Instinkte appellierende Skandal-News spielen uns allen regelmäßig böse Streiche. Das eine führt zur Verfettung, das andere zur Zusammenhangsblindheit. Prinzipiell will der Geist aber nur die Informationen über Dinge speichern, die ihm nutzen, die anderen speichert er erst gar nicht oder irgendwo »ganz weit hinten«.

Das entscheidende Kriterium für Qualität und Tauglichkeit von Ideen bleibt, dass sie sich im Alltag bewähren. Wir haben exakt so viele Informationen jeweils über Autos und Möbel und Kinder und Insekten abgespeichert, dass wir im Alltag mit Hilfe unserer Ideen mit Autos und Möbeln und Kindern und Insekten klarkommen.

Jede Idee in jedem menschlichen Kopf ist einmalig. Es gibt keine zwei Menschen, die über irgendetwas die gleiche Idee haben, geschweige denn über alles. Ihre Hunde-Idee ist anders aufgebaut als meine Hunde-Idee, meine Suppen-Idee ist wahrscheinlich anders aufgebaut als Ihre Suppen-Idee.

Das Wunder scheint zu sein, dass wir uns dennoch verständigen können.

Dieses scheinbare Wunder hat über die Jahrtausende hinweg Philosophen und Gelehrte verblüfft und zu spannenden Theorien inspiriert.

Einige vermuteten, dass es einen »Ideen-Himmel« gibt, in dem ein Muster für jede mögliche Idee schlummert. Der (ansonsten recht nüchterne) Philosoph Platon nahm an, dass unsere Seele vor der Geburt in einen solchen Ideen-Himmel schauen darf, diese Ideen bei Geburt allesamt wieder vergisst und im Leben dann die Dinge in dieser Welt nach und nach »wiedererkennt«. Etwas zu lernen, bedeutete für Platon, die zu einem Ding oder Sachverhalt jeweils passende Idee aus dem Unterbewusstsein hervorzuholen.

Heute nehmen wir an, dass die Dinge etwas weniger magisch sind. Jeder Mensch wächst in einer bestimmten Umgebung, Kultur und Sprachwelt auf. Der Linguist Noam Chomsky hat plausibel gemacht, dass menschliche Gehirne wahrscheinlich alle gleich oder sehr ähnlich verkabelt sind, zumindest was das Lernen und Reproduzieren von Sprache angeht.

So wachsen wir gemeinsam in derselben Gesellschaft auf, wir haben ähnliche Körper und weitgehend ähnliche Realitätserfahrungen und begegnen ziemlich ähnlichen Problemen. Um angenehm und sicher zu überleben, passen wir unsere Worte und Denkweisen den Worten und Denkweisen der Menschen in unserer Umgebung an. So entwickeln wir, ganz ohne Wunder und Ideen-Welten, äußerst ähnliche Ideen.

27

WISSENSCHAFTLICHE IDEEN

Bei näherem Hinsehen lassen sich die Ideen in unserem Kopf in (mindestens) zwei »Qualitätsklassen« einsortieren:

- Alltags-Ideen
- Wissenschaftliche Ideen

»Alltags-Ideen« sind Ideen, die uns im Alltag gute Dienste leisten. Ideen dienen, wie wir weiter oben gesehen haben, (auch) als Filter für die Welt um uns herum. Alltags-Ideen sind also Filter, die gut genug sind für den Alltag in der westlichen Gesellschaft. So filtert die Alltags-Idee »Wasser« einfach jene klare Flüssigkeit, die Sie und ich »Wasser« nennen, aus der Menge der uns im Alltag sonst so begegnenden Flüssigkeiten. Doch was wäre, wenn Sie normales Wasser von sogenanntem »schweren Wasser«, wie es in Kernkraftwerken verwendet wird, unterscheiden müssten? Sie könnten es nicht. Normales

Wasser und schweres Wasser gelangen beide durch den Filter der Alltags-Idee »Wasser«.

Deshalb gibt es »wissenschaftliche« Ideen. Um die wissenschaftliche Idee von Wasser zu formulieren genügt nicht, zu sagen »klare, trinkbare Flüssigkeit wie sie auch in Seen und Flüssen vorkommen kann«. Wissenschaftler brauchen es schon etwas präziser. Wissenschaftliche Ideen wurden von Spezialisten entwickelt, eigens für den Zweck, präziser und zuverlässiger zu filtern (und Vorhersagen zu treffen), als Alltags-Ideen es leisten können. Oft, aber nicht immer, wurden sie ursprünglich von Alltags-Ideen inspiriert. Zum Beispiel inspirierte die Alltags-Idee »Wasser« die *wissenschaftliche* Idee »Wasser«, welche als »H^2O« ausformuliert wird. Die wissenschaftlichen Ideen filtern also nicht mehr danach, was *flüssig* und *klar* und *trinkbar* ist, sondern danach, wessen Molekül zwei Wasserstoff-Atome und ein Sauerstoff-Atom enthält. Damit filtert die wissenschaftliche Idee für Wasser viel genauer. Mit der wissenschaftlichen Formel wird auch ausgeschlossen, dass Sie aus Versehen das »schwere Wasser« mit Ihrem Filter erfassen, denn dessen Formel ist »D^2O«, wobei das »D« für »Deuterium« steht. (»Deuterium« ist, falls es Ihnen gerade nicht einfallen will, einfach nur Wasserstoff, der außer einem Proton auch noch ein Neutron im Zellkern enthält und folglich »kräftiger gebaut« ist.)

Alltags-Ideen haben meist einen Fokus auf der Funktion von Formeln. Mich interessiert im Alltag vor allem wie das Brot schmeckt und wie das Auto fährt, und nicht wie das Brot chemisch strukturiert ist oder *wie* der Motor das Auto vorantreibt (mich interessiert seine *Funktion*, aber nicht seine

Funktionsweise). Im Alltag denken wir: »Solange das Brot wie Brot schmeckt, ist mir egal, wie es innen aufgebaut ist!« (Das kann auch nach hinten losgehen, wenn etwa chemische Zusätze zu »Funktionen« in unserem Körper führen, die ganz und gar nicht gewollt waren.)

Wissenschaftliche Ideen dagegen achten beim Filtern vor allem darauf, den Aufbau der von der Idee bezeichneten Formel genau zu beschreiben. Der Wissenschaftler sagt: »Mir ist nicht so wichtig, wie das Brot schmeckt. Ich will wissen, wie genau es aufgebaut ist.« – Wenn der Wissenschaftler nämlich den Aufbau des Brotes kennt, kann er auch zuverlässig die meisten anderen Eigenschaften ableiten, ein Stück weit den Geschmack, vor allem aber »objektive« Werte wie gesundheitliche Funktionen oder die Haltbarkeit.

Unser Ziel ist es, möglichst wissenschaftliche Ideen zu entwickeln für jene Formeln der Welt, die hinter unseren Alltags-Ideen »Gut« und »Böse« stehen.

28

KOMPRIMIERUNG

Im Jahr 1929 wetteten Ernest Hemingways Freunde mit dem Autor, er könne keine Kurzgeschichte in 6 Wörtern schreiben. Er soll ihnen dies gegeben haben: »For sale: baby shoes, never worn.« (»Zu verkaufen: Babyschuhe, ungetragen.«) Der Legende nach hielt Hemingway dies für sein bestes Werk. Es illustriert seine Eisberg-Theorie-des-Schreibens: Das wirklich Schmerzhafte muss unter der Oberfläche liegen, unausgesprochen bleiben. Die Kunst des Schreibers besteht auch darin, das Richtige wegzulassen.

Gute Autoren und gute Redner verstehen sich darauf, eine Beschreibung der Welt derart »in Worte zu falten«, dass der Leser oder Hörer sie leicht wieder »entfalten« kann. Wir wollen dies »Komprimieren« und »Dekomprimieren« nennen.

Weniger geschickte Sprachschmiede brauchen mehr Worte, um die gleiche Menge an Inhalten im Empfängerkopf zur Entfaltung zu bringen. Vielleicht sind sie einfach ungeschickte Formulierer und beherrschen ihr Werkzeug nicht. Oder sie sind anders unbegabt und können sich nicht vorstellen, wie die Worte sich im Geist des Lesers entfalten werden. Wäre ich begabter und einfühlsamer als ich es bin, könnte ich dieses Buch in seinem Umfang halbieren bei mindestens gleicher Aussagekraft. Doch auch die Dekomprimierungs-Fähigkeit der Hörer- und Leserschaft muss in Betracht gezogen werden. Wären Sie, liebe Leserin, lieber Leser, nicht so intelligent und gebildet wie Sie es sind, müsste ich dieses Buch wohl in seinem Umfang verdoppeln und dabei auch noch die Inhalte reduzieren. So aber schaffen wir gemeinsam, hoffe ich, einen guten Kompromiss!

29

SPRACHE ALS KOMPRIMIERUNGSWERKZEUG

Sprache ist dafür da, die Formeln der Welt zu komprimieren zum Zweck späterer Dekomprimierung durch einen geeigneten Apparat (zum Beispiel den menschlichen Geist oder eine Software).

Sprache komprimiert die Formeln der Welt zu kleineren Formeln. Sie bedient sich dabei Mechanismen, die denen einer MP3-Kompressions-Software ähneln: Zum einen verwerfen wir beim Formulieren eines Satzes jenen Teil der Information, die wir als überflüssig erachten. Zum anderen verwenden wir Symbole als Stellvertreter für Formeln, von denen wir ausgehen, dass alle Beteiligten sie bereits in ausreichender Qualität besitzen, etwa das Wort »Hund« für die komplexe Formel mit Fell und Pfoten und nasser Zunge als Substruktur.

Es ist praktisch nicht möglich, über die Welt zu reden, ohne auf diese Art zu komprimieren.

Wenn Sie sagen »vor dem Haus steht ein Apfelbaum«,

haben Sie nichts über die Ziegel des Hauses und deren Farbe oder die Blätter des Baumes ausgesagt. Selbst wenn Sie über die Ziegel gesprochen hätten und über die Blätter des Baums, hätten Sie wahrscheinlich alle Ziegelsteine und alle Blätter gemeinsam erfasst, statt jeden einzelnen im Detail zu beschreiben - et cetera, ad infinitum. Um über den Apfelbaum zu reden, müssen Sie Informationen weglassen, von denen Sie ausgehen, dass sie in diesem Szenario irrelevant sind, aber auch auf Symbole zurückgreifen, die im Kopf aller Beteiligten ähnliche Formeln aktivieren.

Manchmal hat der Gesprächspartner in einer Situation schlecht komprimiert. Entweder er hat das Falsche weggelassen oder er hat zu wenig oder zu viel weggelassen. Oder er lag falsch in der Annahme, welche Symbole samt vorgefertigten Formeln allgemein zur Verfügung stehen. Wörterbücher und Wikipedia geben uns Vorschläge, wie Symbole üblicherweise entpackt werden. Die Sache ist natürlich anstrengend, wenn die Formel-Bauanleitung (sprich: Definitionen und Begriffserklärungen) selbst wieder auf Symbole zurückgreifen, die nicht vorhanden sind. Dann müssen wir den Zusammenbau der neuen Formeln unterbrechen, um erst einmal die Teilformeln aufzubauen.

Beim Schreiben komprimieren wir weitere Aspekte weg, etwa die Atmung oder die Intonation, all das »Nonverbale«. Wenn die eigentlich nonverbale Aussage absolut notwendig ist für die sinnvolle Dekomprimierung, fügen wir ein »?« dran, um zu zeigen, dass der Satz wie eine Frage klang (also in den meisten Sprachkulturen die Tonlage am Ende hochging) – oder wir schreiben so etwas dazu wie »sagte er und grinste ironisch«, um klarzumachen, dass die Mimik das eigentlich Gesagte negierte.

30

DEKOMPRIMIERUNG UND TEMPERATUR

Marshall McLuhan spricht im Buch *Die magischen Kanäle* (*Understanding Media*) von »kalten« und »heißen« Medien. Je »heißer« ein Medium ist, umso weniger Eigenleistung fordert es dem Konsumenten ab. Ein Film ist demnach *heißer* als eine Audioaufnahme, ein Farbfilm ist *heißer* als ein Schwarzweißfilm. Sieht man Sprache als Medium an, so wäre eine kältere Sprache jene, die dem Leser oder Hörer mehr Dekomprimierungsleistung abverlangt. Dabei ist nicht nur der Grad der Komprimierung entscheidend, sondern auch die Dekomprimierungsfähigkeiten, die teils biologisch bedingt sind, teils antrainiert werden, etwa in Fachsprache.

Wenn wir mit der Komprimierungsleistung des Gegenübers nicht zufrieden sind, greifen wir korrigierend ein. Wir können sagen: »Fass dich kurz!« Diese Aussage wiederum lässt sich so dekomprimieren:

»Du könntest mehr irrelevante Informationen weglassen und mehr von mir einfach zu entfaltende Symbole verwenden!«

Wir können sagen: »Das ist mir jetzt ein bisschen knapp!« Das wiederum lässt sich so dekomprimieren: »Ich vermute, dass da bei der Komprimierung Informationen weggelassen wurden, die durchaus relevant für die beschriebenen Formeln waren.«

Oder wir sagen: »Das war mir jetzt zu viel Fachchinesisch!« Das lässt sich so dekomprimieren: »Die von dir zur Komprimierung verwendeten Symbole sind mir größtenteils unbekannt. Ich bin nicht in der Lage, das Gesagte sinnvoll zu dekomprimieren.«

31

LEO, JOSÉ UND DIE SAMMELKARTEN

»Wie war es in der Schule?«, frage ich meinen Sohn.

»Ganz okay«, sagt der, »kann ich spielen gehen?«

»Klar«, sage ich, »was war denn heute so? Was habt ihr heute gelernt?«

»Heute war Mathe«, sagt mein Sohn, »war ganz okay. Das Mittagessen war auch ganz okay. Nur die Suppe war nicht so lecker. Dann war zweite Pause und die Lehrerin hat irgendwas aufgeschrieben in mein Aufgabenheft. Und der José hatte neue Sammelkarten dabei. Was für ein doofer Angeber!«

Ich aber kenne meinen Leo.

»Was hat deine Lehrerin aufgeschrieben?«, frage ich, »ist etwas Besonderes passiert?«

»Alles ganz okay«, sagt der kurze Held, »darf ich auch solche Sammelkarten haben wie José?«

»Moment, junger Mann«, sage ich alter Mann, »gib mir mal dein Aufgabenheft!«

»Hier, Papa«, sagt er, verdächtig freundlich, »ich gehe jetzt spielen!«

Er ist aus der Tür raus. Sonst braucht er eine halbe Stunde, sich umzuziehen, diesmal ging es buchstäblich in Sekunden.

Ich höre draußen die anderen Kinder, wie sie fröhlich Leo begrüßen. Elli ist zu mir gestoßen.

Wir öffnen das Aufgabenheft.

Darin steht: »Leo hat heute in der Pause seinen Freund José gehauen und muss deshalb den Rest der Woche ...«

Ich muss lachen. *Das* also meinte Leo mit »Die Lehrerin hat irgendwas aufgeschrieben in mein Aufgabenheft«.

»Was sollen wir tun?«, fragt Elli.

»Hatten wir nicht Fleisch gekauft?«, frage ich, »lass uns das Fleisch grillen! Die Nachbarn haben schon angefangen.«

»Wegen Leo!«, insistiert die Mutter meiner Kinder.

»Die Pädagogen werden sich schon kümmern!«, sage ich.

»Hmm«, summt sie, »das Fleisch aber nicht wieder auf dem Grill vergessen! Nicht grillen und lesen!«

Als mein Sohn sagte, die Lehrerin habe »etwas in sein Aufgabenheft geschrieben«, hat er versucht, derart zu komprimieren, dass irgendwie das Tagesgeschehen erfasst ist, und doch er nicht auch noch mit einem Spielverbot bestraft wird.

Sprechen ist *immer* Komprimierung.

Kinder üben, was Erwachsene dann professionalisieren und Politiker schließlich perfektionieren: Eine Komprimierung, die das Gegenüber absichtlich vom Wesentlichen ablenkt. Lassen Sie uns auf die Komprimierung achten – auf unsere eigene Komprimierung und auf die Komprimierung unserer Gegner – so niedlich diese Gegner auch sein mögen!

32

KOMPRIMIERUNG UND ETHISCHE WAHRNEHMUNG

Wir können uns vorstellen, dass ein Journalist einen Artikel so beginnt:

> Der neue Vorstand erhält einen Bonus, weil die neuen Effizienzmaßnahmen, wenn auch zu Beginn überschattet von vereinzelten Industrieunfällen mit Personenschaden, die Gewinnquote um 2.1 Prozentpunkte anheben.

Derselbe Journalist könnte einen Artikel über selbigen Sachverhalt auch anders beginnen lassen:

> Herbert gab seinem 4 Jahre alten Töchterchen Lisa einen Kuss auf den braunen Lockenkopf. Mit großen Augen fragte sie: Papa, wenn Du wiederkommst, gehen wir auf den Spielplatz, ja? Herbert nickte und versuchte, zu lächeln. Er blickte zu seiner Frau Maria, die stumm zurückschaute. Heute würde er zum ersten Mal allein die Maschine

> bedienen, die er 25 Jahre lang nur gemeinsam mit einem Kollegen bedient hatte. Jon Hardworth, der neue Vorstand, hatte gedroht: Entweder die Arbeiter akzeptieren, dass man ab sofort ohne Sicherungsmann arbeitet, oder er persönlich werde alle Maschinisten feuern, während er die Maschinen aufs Schiff verladen lässt und den Job an dankbare Chinesen gibt.

Der Berichterstatter, der sein Handwerkzeug beherrscht, trifft eine Entscheidung darüber, welche Strukturen er dem Empfänger darlegt und sie so relevant erscheinen lässt. Auf der anderen Seite will ein Journalist natürlich, dass möglichst viele Menschen seinen Bericht als relevant empfinden, also wird er vor allem über jene Strukturen berichten, von denen er weiß oder ahnt, dass sein Stammpublikum sie als relevant empfinden wird.

Der Kampf um die öffentliche Einschätzung von Gut und Böse ist häufig ein Kampf darum, die eigene Komprimierungsart der Tatsachen in der publizierten Meinung durchzusetzen. So sagt etwa im Nahostkonflikt die Hamas: Israel hat eine Schule bombardiert! Und Israel sagt, sinngemäß: Die Hamas komprimiert schlecht! Sie lassen die äußerst relevante Information weg, dass sie selbst zuvor vom Pausenhof genau dieser Schule Raketen auf unsere Krankenhäuser und Kindergärten abgefeuert haben.

Einmal, meine Tochter war sehr klein, kam sie angelaufen und bettelte um Strafe – aber natürlich nicht für sich, sondern für ihren Bruder: »Der Leo hat mir Sand in die Augen geworfen!«

Leo aber beteuerte – sinngemäß: »Lydia komprimiert schlecht! Sie lässt die äußerst relevante Information weg, dass sie mir zuvor mit der Schaufel eins über den Schädel gezogen hat!« (Wörtlich sagte er: »Lügenschwester! Sie hat angefangen! Unfair!«)

Sie sehen: Die Bedeutung der Komprimierungsmethode für die öffentliche Einschätzung von Gut und Böse lernen wir bereits im Sandkasten. Und sie bleibt ein Leben lang wichtig, im Kinderzimmer wie in der Weltpolitik.

33

WAS SIND BLUMEN?

Wenn Ihnen jemand sagt, »bring Blumen mit!«, werden Sie — so Sie es nicht vergessen — zuverlässig Blumen kaufen. Sie werden nicht statt der Blumen etwa Schraubenschlüssel oder ein Pferd nach Hause bringen. Was sind nun »Blumen«? Genauer: Woher wissen Sie, was Sie mitbringen sollen?

Blumen sind Pflanzen, meist mit einem grünen Stängel und einigen Blättern dran. Was wir so hübsch an ihnen finden, die Blüten, das ist genau genommen die Dekoration der pflanzlichen Geschlechtsorgane – *Blumen* eben.

Diese Beobachtung, dass wer Blumen holen soll, in der Regel keine Schraubenschlüssel bringen wird, ist in ihrer Banalität absurd, doch sie ist wichtig: Der Begriff »Blume« ist eine *Idee*, eine Formel in unserem Kopf. Eine Idee ist eine Formel, die einem »bezeichnenden« Verhältnis zu Formeln in der Außenwelt steht. Eine Idee filtert Formeln: Eine Idee schließt gewisse Formeln ein und andere Formeln aus.

Unsere Ideen sind auch *Filter*, die Strukturen aus der Welt *filtern*. Wir wollen *Philosophen* sein. Wir arbeiten fortwährend auch an unseren eigenen Begriffen. Wir müssen immer wieder prüfen, ob unsere Ideen noch immer richtig *filtern*.

Erlauben Sie mir und diesem Buch hier eine praktische Selbstbeschränkung. Wir werden die Wartung unserer Filter gleich am konkreten Objekt »Tisch« üben. Doch unser Ziel ist zuerst die Ordnung unseres Denkens (und unseres Lebens). Dafür, hat sich gezeigt, ist es vor allem wichtig, unsere *ethischen* Filter präzise und realitäts-adäquat zu halten. Alle Ideen müssen immer wieder darauf hin geprüft werden, ob sie noch filtern, was sie filtern sollen – wir reparieren hier zuerst unsere Ethik-Idee.

34

DER ZWISCHENSCHRITT

Wenn jemand Sie fragt, was das Wort »gut« bedeutet, was würden Sie antworten?

Würden Sie den Mund verziehen, die Schultern heben, eine abfällige Geste wagen und »Na, das weiß doch jeder!« sagen?

Würden Sie sich für extra schlau halten und »gut ist das Gegenteil von böse« erklären – dann auf die weitere Rückfrage wieder definieren, dass böse eben das Gegenteil von gut sei?

Das kann man so machen, es ist nur wenig wissenschaftlich!

Der Beginn jeder Untersuchung wird immer Schwächen in der Wissenschaftlichkeit aufweisen. Doch »wissenschaftlich« ist keine Angelegenheit von Entweder-Oder. Wenn ich nicht *vollständig wissenschaftlich* arbeiten kann, will ich eben *etwas wissenschaftlicher* vorgehen.

Der erste Schritt zur Wissenschaftlichkeit besteht darin, unsere Ideen an realen Objekten zu prüfen. Dies gilt umso mehr bei Ideen, die wir intuitiv zu verstehen meinen. Können Sie beschreiben, was Gut und was Böse ist, ohne sich auf Bauchgefühl, Religion oder Autoritäten zu berufen? Wenn ich Sie fragte, was eine Hand sei, würden Sie ja auch nicht sagen, eine Hand sei eben etwas, das sich wie eine Hand anfühlt, was eine Religion für Hand erklärt oder wie eine Autorität eben den Begriff »Hand« definiert.

Wenn ich Sie nach der Idee »Hand« fragte, würden Sie mir wahrscheinlich erst Ihre eigene Hand zeigen (falls Sie keine Hände haben, wäre meine Frage natürlich reichlich taktlos gewesen). Wenn ich dann nachhakte, ein Exemplar zu zeigen sei noch keine Definition, würden Sie vielleicht so etwas sagen: Eine Hand ist das Ende des Arms und dient vor allem zum Greifen. Sie hat üblicherweise vier Finger und einen Daumen. Dadurch, dass der Daumen dem Zeigefinger gegenüberliegt, kann der Mensch mit der Hand erstaunlich präzise seine Umgebung verändern, aber auch *untersuchen*, buchstäblich: *begreifen*.

Ihre Erkenntnis darüber, was eine Hand ist, kommt nicht wirklich rein aus Ihrer Intuition (anders als vielleicht einfache mathematische Erkenntnisse). Sie haben in der Schule oder in Büchern etwas über »Extremitäten« und »opponierbaren Daumen« gelesen. Sie haben viele Menschen getroffen, die alle Hände haben. Das zusammen formte die Formel, die Ihr Kopf für »Hand« bereithält.

35

BEGREIFEN, WAS GUT UND BÖSE IST

Wie ist es aber mit den Ideen für Gut und Böse? – Da wird es bei den meisten Menschen weit unschärfer. Diese Unschärfe ist ein viel größeres Problem, als es auf den ersten Blick scheint. Kaum eine Idee bestimmt unser Leben, unser Wohlbefinden und die große Politik so grundlegend wie die Idee des Guten, und seines Gegenteils, des Bösen. Und doch prüfen wir kaum eine Idee so selten. Wir wollen hier aber nicht darüber jammern – wir wollen daran etwas ändern.

Ein Mann, der ein Kind vorm schlimmen Unfall bewahrt – wahrscheinlich gut. Ein Reicher, der einer armen Familie das letzte Brot vom Teller nimmt – wahrscheinlich böse.

Die Wissenschaft beginnt mit der Vor-Wissenschaft. Vor-Wissenschaft beginnt mit der Sammlung von Fällen.

Betrachten Sie Fälle von Gut und Böse, die Ihnen in letzter Zeit aufgefallen sind. Betrachten Sie auch Fälle, die Ihnen eben *nicht* aufgefallen sind, die nur dadurch jetzt auffallen, dass sie so unauffällig sind.

Was haben all diese Fälle gemeinsam? Verzagen Sie nicht, wenn es Ihnen nicht sofort auffällt. Bereits im Scheitern lernen Sie viel über sich – um wie viel mehr werden Sie lernen, wenn Sie die Formel von Gut und Böse sehen lernen!

36

FILTER UNTERSCHEIDEN

Ideen sind auch *Filter*, haben wir gesagt. Sie *filtern* aus der Welt bestimmte Formeln. Die eine Idee filtert Palmen, eine weitere Idee filtert Cocktails, und wieder eine andere Idee filtert den Sonnenschein.

Unsere Filter haben zwei Aspekte:

- *Was* sie filtern, und
- *wie* sie filtern.

Die *Auto*-Idee filtert motorisierte Objekte, die eine Handvoll Passagiere von A nach B bringen. Das ist — grob gesprochen — das *Was* von *Auto*.

Die Auto-Idee sucht nach Kästen mit vier Rädern und Glasscheiben, die noch dazu Krach machen und sich eben über Straßen bewegen. Das ist das *Wie*.

Nun kommen in letzter Zeit wieder elektrische Autos in

Mode, und bei denen fällt das Motorgeräusch weg. Damit funktioniert das bisherige *Wie* des Filters *Auto* nicht mehr, denn sie machen keinen Krach. Der *Wie*-Filter des Autos muss angepasst werden.

37

WIE-WAS-MANIPULATION

Die Trennung von *Wie* und *Was* macht unsere Filter manipulierbar. Wer unsere Filter übertölpelt, der kann (und oft: will) uns verführen, gegen unseren eigenen Willen zu handeln.

Manche Übertölpelung des Wie-Filters ist harmlos. Ein Mann, der sich den Anzug so schneidern lässt, dass sein Bauch schlanker und seine Schultern breiter erscheinen, will den Anschein von Gesundheit geben – genauso wie eine blasse Dame, die sich die Wangen rosig und den Teint ebenmäßig pudert. Beide wollen den Wie-Filter der Gesundheit stärker aktivieren als es das tatsächliche Was ihres Zustandes rechtfertigt. Warum auch nicht, die Welt ist ästhetischer, wenn wir alle extra gesund erscheinen. – Andere Manipulationen am Wie-Filter sind da problematischer.

Im Kriegen hat es sich bewährt, mit aufblasbaren Gummi-Attrappen beim Gegner den Eindruck zu wecken, die eigene Armee sei deutlich stärker, als sie tatsächlich ist. Und, andersherum, mit Tarnvorrichtungen werden vorhandene Waffen versteckt, damit der Gegner glaubt, er sehe nur Wald und Wiese. In beiden Fällen wird ein *Wie*-Filter aktiviert, während das *Was* gegenteilig ist. Man sagt, das erste Opfer des Krieges sei die Wahrheit. Die bewusste Aktivierung eines Wie-Filters um vom realen *Was* abzulenken hat die Geschichte der Menschheit geprägt wie keine andere Lüge.

Nicht nur der Krieg kennt die Lüge, mancher Frieden braucht die Wie-Was-Manipulation nicht minder – doch reden wir vom Alltag!

Unser täglicher Filter fürs Gute filtert anhand äußerer Zeichen. Wir bezeichnen den Menschen als gut, der den *Wie*-Filter unserer Idee von *Gut* bedient. Das ist ein Einfallstor für Heuchler. Jesus sagte über solche: »Sie binden schwere und unerträgliche Bürden und legen sie den Menschen auf die Schultern; aber sie selbst wollen keinen Finger dafür krümmen. Alle ihre Werke aber tun sie, damit sie von den Leuten gesehen werden.« (Mt 23:4-5a) Solche Menschen geben uns alles, was den *Wie*-Filter unserer Idee von *Gut* bedienen soll, aber es ist kein *Was* dahinter.

Wer die Welt in Formeln sieht, der entlarvt schnell die Heuchler und Manipulatoren. Je lauter einer sein *Wie* zu Markte trägt, umso dringender müssen wir prüfen, ob da auch ein *Was* ist.

38

UNTERSCHIEDLICHES UNTERSCHEIDEN

Viele Missverständnisse und menschliche Dummheiten haben ihren Ursprung darin, dass Menschen das Was und das Wie ihrer Ideen nicht unterscheiden.

Um zu dem bereits erwähnten Bild vom Zeigefinger zurückzukommen: Erst wenn Sie sich darüber im Klaren sind, worauf der Finger zeigt, können Sie beginnen, die gezeigte Struktur zu untersuchen.

Es gibt zwei gute Gründe, unsere Ideen ständig zu verbessern und an tatsächliche Strukturen anzupassen:

- Bessere Filter können schneller und zuverlässiger mit den Strukturen der Welt umgehen. Sprich: Unser Reden und Denken wird genauer.
- Indem wir zwischen den verschiedenen Aspekten der Idee und der tatsächlichen Struktur unterscheiden, können wir erkennen, wo bei anderen Menschen die Ideen-Fehler liegen. So

können wir deren Wahrnehmung der Welt und dadurch ein Stück weit ihr Verhalten vorhersagen.

Unsere Analyse hat also ein doppeltes Ziel:

- Differenzen und komplexe Zusammenhänge zwischen Filtern und Realität verstehen, und sehen, wo und wodurch Schwierigkeiten entstehen. Gerade wenn es nicht einfach möglich ist, diese Differenzen zu beseitigen, ist es wertvoll, sie im Griff zu haben.
- Die Realitätsadäquatheit der eigenen Idee ständig zu verbessern.

Einfacher ausgedrückt: Wir wollen weniger dumm sein.

39

MUSEUMSSTÜHLE

In Köln steht ein *Museum für Angewandte Kunst*. »Angewandt« bedeutet, dass dort Dinge ausgestellt werden, die *eigentlich* für den Gebrauch im Alltag gedacht sind, sprich: Dinge mit bemerkenswertem *Design*. Schöne Jugendstil-Vasen gibt es dort. Auch der erste Apple iPod ist ausgestellt.

Einmal waren wir mit der Familie zu Besuch dort. Ich passte eine Sekunde lang nicht auf – prompt liefen unsere Kinder los und setzten sich in zwei der ausgestellten Stühle.

»Papa, guck mal«, rief meine Tochter, in einem bunten Sperrholzgestell sitzend, »ich bin Kunst!«

Ich stürzte panisch auf die beiden zu. Meine Tochter winkte ab: »Aber Papa, diese Möbel hier sind keine Kunst, die sind zum Benutzen!«

Tatsächlich! Neben den Möbeln war ein Schild angebracht: »Nehmen Sie Platz! Ausstellungsstücke zur Demonstration!« (Was nicht ausschloss, dass sie »Kunst« waren, aber geschenkt.)

Doch, weh, die Begeisterung meiner Kinder war schnell wieder verflogen.

»Nein, das ist kein richtiger Stuhl«, beschwerte sich der Sohn, »auf dem kann man nicht richtig sitzen! Der tut ja weh!« – »Der ist wohl doch nur zum Gucken gemacht!«, sagte meine Tochter klug, während mein Sohn sich aus dem spitzeckigen Sitzmonster freikämpfte.

Es scheint also eine philosophische Frage, wenn nicht sogar eine »metaphysische« (und ja, wir lehnen uns hier an den Popperschen Metaphysik-Begriff an, bei welchem »Metaphysik« – ehrlich gesprochen – so etwas wie »Humbug« bedeutet): Wann ist ein Stuhl ein Stuhl? (Den gesetzteren Semestern unter uns wird an dieser Stelle eine Liedzeile von Herbert Grönemeyer einfallen: »Wann ist ein Mann ein Maaa-a-aaaan?«)

Mein Sohn hatte eine einfache Antwort gefunden, für das, was einen »Stuhl« ausmacht: Ein Stuhl ist, was *gemacht* wurde, *damit* man darauf *sitzen* kann.

Um »Stuhl« zu sein, muss ein Ding also (mindestens) zwei Funktionen (Beziehungen zur Außenwelt) haben:

- Jemand hat es hergestellt/ herstellen lassen, damit ...
- man sich darauf hinsetzen kann.

Es genügt nicht, dass man sich darauf hinsetzen kann! Ein Baumstumpf ist ja auch kein *Stuhl* (solange er im Wald steht) und eine Kiste auch nicht – bis jemand den Stumpf oder die Kiste nimmt und in eine Wohnung stellt, und zwar gezielt zum Zweck des Sichdraufsetzens! Doch auch wenn einer sich vornimmt, einen Stuhl zu bauen, und aus Versehen eine Schrankwand herstellt, ist dies eben kein Stuhl, bloß weil der Schöpfer dieses Dings einmal diese Absicht hatte.

»An ihren Früchten sollt ihr sie erkennen«, heißt es in der Bibel. Ein guter Satz. Auch in der Ethik gilt, dass die erklärte Absicht nicht genügt, eine Handlung für »gut« zu befinden.

Es gibt zu viele selbsterklärte »Gute«, deren *Funktion*, also: Auswirkungen, ganz und gar nicht *gut* sind. Auf der anderen Seite der ethischen Erstausdrücken soll es Leute geben, die wirken grimmig und böse, aber im Nachhinein stellen wir fest, dass sie doch *gut* im ethischsten aller Sinne waren.

Wie es *aussieht*, ist oft, woran wir eine Formel erkennen, sei diese ein Elefant oder eine ethische »gute« Handlung. Wie es *funktioniert* ist aber, woran wir prüfen, ob es *echt* ist.

IV

DAS ETHISCHE WESEN

40

ETHIK IST EINE WAFFE

Nehmen wir an, Sie und ich führen Krieg gegeneinander. Ihnen stehen tausende bewaffneter Soldaten zur Verfügung, Flugzeugträger, Aufklärungssatelliten, intelligente Drohnen und Raketen, alles-was-es-sonst-noch-gibt und noch einige Lagerhallen voll mit Atombomben.

Meine Kämpfer haben lediglich ein paar alte Flugabwehrraketen, einige Kisten alter Pistolen und Gewehre und natürlich noch den gelegentlichen selbstgebastelten Sprengsatz.

Meine Bewaffnung ist im Vergleich zu der Ihren ein Witz. Ginge es nur nach der Stärke der Waffen, müssten Sie mich und meine wilde Bande mit einem Fingerschnippen besiegen können.

Doch, die Erzählung ist noch nicht zu Ende! Nehmen wir weiter an, dass ich einen ganz besonderen Pfeil im Köcher trage: Ich kann beeinflussen, was meine Kämpfer, was Ihre Kämpfer, was meine Bevölkerung, was Ihre Bevölkerung, vor allem aber was die Menschen rund um den medial vernetzten Globus als »ethisch« und »gut« *empfinden* werden.

Sicher, auch Sie werden »Propaganda« betreiben. Doch Sie predigen den Menschen, wer Ihrer Meinung nach gut ist (natürlich Sie) und wer böse (natürlich ich). Ich aber lasse die Menschen *selbst* den Eindruck gewinnen, dieser oder jener sei böse. Das ethische *Gefühl* schlägt die ethische *Argumentation*.

Sicher, ich habe einen empfundenen »ethischen Startvorteil«, weil ich ja schwächer bin. Wichtiger aber ist: Ich verstehe mich besser als Sie in der Kunst, auf der Klaviatur menschlicher ethischer Wahrnehmung zu spielen.

Egal was Sie machen, ich werde jeden Ihrer Schritte so ins Bewusstsein meiner Bevölkerung, Ihrer Bevölkerung und der übrigen Menschen setzen, dass deren ethische Empfindungen magischerweise Sie als die Bösen und uns als die Guten dastehen lassen. Wenn Sie Granaten auf meine Kämpfer schießen, zeige ich in meinen und Ihren Medien einen Mann mit abgerissenen Gliedmaßen in seiner alten Bäckerei samt seiner 7 Kinder, die jetzt betteln müssen – dank Ihrer. Selbst wenn Sie Hilfslieferungen abwerfen, zeige ich zwei verzweifelte Mütter die sich aufs Blut um eine Flasche Wasser aus Ihrem Paket bekämpfen, und erzähle davon, was für eine Idylle unser Leben war, bevor dieser Kampf mit Ihnen begann.

Sicher, der Krieg wird noch immer entschieden durch Waffen, die »Kawumm!« machen. Aber ethische Wahrnehmung ist ein Multiplikator derer Wirkung, und nicht selten auch eine der wirksamsten Einzelwaffen.

Doch, genug des Krieges. Ethik ist auch in Friedenszeiten

eine wirksame Waffe, um mit immateriellen Mitteln materielle Vorteile zu erzielen.

Nehmen wir an, zwei Unternehmen bieten vergleichbare Produkte an, sind ähnlich bekannt und erscheinen den Kunden vergleichbar vertrauenswürdig. Dann wird bekannt, dass Unternehmen X bei der Herstellung seiner Produkte die Umwelt mit irgendwas ganz Fürchterlichem belastet, Kinderarbeit einsetzt oder dass der Firmenchef angeblich unzüchtige Dinge treibt. Wie wird sich das Ihrer Meinung nach auf die Verkaufszahlen der weiterhin vergleichbaren Produkte auswirken? - Ihr Buchhalter kann Ihnen die ethische Wahrnehmung Ihres Handelns auf die Nachkommastellen genau beziffern.

Ethische Wahrnehmung ist oft auch beim Einzelnen recht genau bezifferbar. Nehmen wir an, Sie bewerben sich für eine Stelle als Ingenieur. Und es gibt einen Mitbewerber. Sie beide sind in allen Qualifikationen und Voraussetzungen vergleichbar. Bis auf eine Angelegenheit: Er ist engagiert in einer allgemein als unanständig geltenden politischen Partei, während Sie es geschafft haben, nebenbei und ganz bescheiden Ihr höchsteigenes Bundesverdienstkreuz zu erwähnen. - Wer wird wohl angestellt werden?

Ethische Wahrnehmung kann über Lebensentwürfe und finanzielle Existenz entscheiden. Ethik ist eine mächtige Waffe, ob im täglichen Nahkampf oder im kriegerischen Kampf zwischen Armeen. Beim Einsatz »konventioneller« Waffen ist Ethik mindestens ein Wirksamkeits-Multiplikator.

Ein Beispiel aus der Geschichte: Dank sorgfältiger Planung der ethischen Wahrnehmung (Martin Arnold nennt es

»Gütekraft«) konnte ein latent machthungriger Rechtsanwalt mit prä-modernem Menschenbild die eigentlich minimale tatsächliche Kraft simpler Sitzstreiks und friedlicher Demonstrationen aufs Vieltausendfache multiplizieren und so der Kolonialmacht Großbritannien die Stirn bieten. Er wurde bekannt als »Mahatma Gandhi«.

41

GLÜCK BRAUCHT ETHIK

Der Philosoph *Dan Dennett* sagt über das Rezept zum Glück: Suche etwas, das wichtiger ist als du und widme diesem dein Leben.

Nur: Das »schöne« Gefühl der totalen Hingebung an eine Sache ist gleich intensiv, ob man sich im Dienst einer Terrororganisation als Bombe anzündet, oder ob man im Auftrag des Roten Kreuzes im Erdbebengebiet die Wunden der Opfer verbindet.

Auch: Wissen wir immer, wenn wir glücklich sind, *dass* wir glücklich sind? Verhält es sich mit dem Glück so wie mit dem Fisch und dem Wasser? Der Fisch weiß nicht, dass er im Wasser schwimmt – weiß denn der Glückliche, dass er glücklich ist? Lebensweisheit bedeutet, sein Glück herbeiführen zu können und dann auch zu erkennen, wenn und dass man glücklich ist.

Der Getriebene hat nur eine zufällige Chance auf Glück. Es kann ja sein, dass der Getriebene zufälligerweise das tat, wovon er später erkennt, dass es ihn glücklich machte. Der Weise, der über Ethik, relevante Strukturen und seine Rolle im Leben nachgedacht hat, kann das Glück planen und im Augenblick erkennen.

Es hat sich eben gezeigt, dass Hingabe allein nicht genügt. Die Hingabe muss auch ein Ziel haben, das der Mensch später, spätestens in seinen letzte Atemzügen, als »gut« im ethischen Sinne bewerten wird. Die großen Ideen »Glück« und »glückliches Leben« erfordern wohl, spätestens im Rückblick sagen zu können: Was ich tat, war gut.

Glück braucht Ethik. Genauer: Glück ist das Ergebnis von Arbeit und erfolgreiche Arbeit gelingt nur mit einem Plan. Der Plan fürs Glück muss – wenn die Arbeit gelingen soll – von ethischer Natur sein.

42

DER EIGENE ETHIKER SEIN

Die ethischen Autoritäten sind tot, ihre Predigten interessieren nicht. Welcher Sterbliche, selbst wenn er sich als Bote eines Unsterblichen ausgäbe, sollte uns noch vorschreiben dürfen, was gut ist und was böse?

Wir wollen, nein: wir müssen!, zumindest versuchen, uns selbst das Handwerkzeug zu hämmern und Ethiker in eigener Sache zu sein.

Die Menschen haben ja ihr Leben bis hierhin gelebt und sie haben *über*-lebt. Sie haben ihre ethischen Einschätzungen auf Autoritäten und aufs Bauchgefühl gegründet – was bei näherer Betrachtung dasselbe ist.

Was wir »Bauchgefühl« nennen, oder »Intuition«, ist ohne logische Reflexion nur eine Ansammlung von Fragmenten alter Autorität und neuer Vorurteile. Der Weg nach vorn ist eine halbfertige Brücke. Es ist genug Holz da, doch wir müssen die Brücke selbst weiterbauen – niemand, der bei Sinnen ist, wird heute noch glauben, dass die Pfarrer, Politiker und

Prominenten *irgendeinen* Einblick in die Natur von Gut und Böse hätten, der auf irgendeine Weise weiter wäre als unserer und mehr als vielleicht eine Armlänge weit über den Fenstersims ihres Elfenbeinturms hinausreicht.

Auch hier gilt: Wer, wenn nicht wir selbst? Wer nicht ohne Ethik leben will, der muss seine eigene Ethik bauen.

43

ETHIK, NUR EINE WEITERE FORMEL

Ethik ist nicht Magie. Entgegen allem, was Ihnen Kirchen, Sekten und TV-Experten erklären, ist Ethik nichts geheimnisvoll »Eingegebenes«, worauf nur sie, die »Experten«, Zugriff hätten.

Ethik ist ein Stück weit wie Kuchen: Sicher, es hilft, sich mit dem Thema intensiv beschäftigt zu haben. Es gibt sogar mehr Kuchenbäcker als Ethiker, deren Produkt tatsächlich »göttlich« wirkt. Doch tatsächlich kann jeder Mensch bei sich daheim Kuchen backen. Und tatsächlich kann jeder Mensch allein herausfinden, was »gut« und was »böse« ist.

Im Prinzip ist das Backen von Kuchen aber wenig mehr als ein Neu-Arrangement der Moleküle von Mehl, Zucker, Ei und was sonst noch nach dem jeweiligen Rezept hineingehört.

Weder Quark noch Zucker schmecken im Rohzustand nach Käsekuchen. Der »göttliche« Käsekuchen-Geschmack entsteht während des Back-Vorgangs. Das neue Arrangement der Moleküle kommt mit dem neuen Aroma.

So ähnlich ist es mit der Ethik. Es gibt keine der Welt »innewohnende« Ethik, keine geheimen Gut-oder-Böse-Eigenschaften. Gut und Böse entstehen aus dem Arrangement der Welt und sie entstehen in dem Moment, in dem unser »ethischer Geruchssinn« daran schnüffelt. Wir wissen nicht wirklich, was das »Käsekuchen-Gefühl« in unserem Kopf *ist* (wir können Bewusstseins-Zustände nicht wissenschaftlich reduzieren), aber wir können recht genau angeben, wann es auftritt und wie man es erzeugt. Wir wissen nicht wirklich, was das »Ethik-Gefühl« in unserem Kopf *ist*, aber wir wollen genau angeben, unter welchen Konstellationen der Welt es auftritt – es hat mit *relevanten Strukturen* zu tun.

44

GUT UND BÖSE

Sie sitzen auf einer Parkbank, konsumieren das legale Gift Ihrer Wahl, erfreuen sich am Treiben der Menschen des Ihnen gefälligen Geschlechts, da sehen Sie plötzlich, wie zwei junge Männer einer älteren Dame ...

- die Handtasche wegnehmen, oder...
- über die Straße helfen.

Den einen Fall würden Sie gewiss als irgendwie »gut« empfinden, den anderen als »böse«. Ähnlich wie beim Käsekuchen eine bestimmte Anordnung der Welt von Ihnen *als lecker empfunden* wird, so basiert Ihre Empfindung von Gut und Böse auf verschiedenen, bestimmten Anordnungen der Welt.

Die Empfindung und das, wodurch sie realisiert wird, sind nicht dasselbe. Es kann sein, dass ich nur träumte, Käsekuchen gegessen zu haben – also die Empfindung hatte, ohne dass es passierte. Es kann sein, dass ich den Käsekuchen esse und dabei einen spannenden Film gucke, und gar nicht mitbekommen habe, dass ich ihn gegessen habe. Entsprechend kann es sein, dass die scheinbar geraubte Handtasche in Wirklichkeit der Mutter der beiden jungen Männer gehörte und jene ältere Dame sie beim Kaffeekränzchen böswillig und mit scheelem Blick der rechtmäßigen Inhaberin entriss – sprich: was ich als »böse« empfand war bei richtiger Information in Wirklichkeit mindestens »ethisch okay«.

Es ist die Aufgabe des Kuchenbäckers, zu wissen, wie die Materie der Welt anzuordnen ist, damit ich ein angenehmes Käsekuchenerlebnis habe. Wir wollen beschreiben, wie die Welt angeordnet sein muss, damit Menschen eine Handlung als *gut* oder als *böse* empfinden.

45

VOM BROTMESSER

Sie schneiden ein Brötchen auf, um etwas Marmelade darauf zu verteilen. Weil Sie heute noch keinen Kaffee hatten, stellen Sie sich etwas ungeschickt an - und schon haben Sie sich das Messer mitten in die Handfläche gerammt.

Ihr erster Gedanke ist, vielleicht: »Cool. Jetzt habe ich auch ein Stigma, wie Jesus!« (Sie werden diesen blasphemischen Ausrutscher ein Leben lang büßen, weil die Handfläche bei jedem Wetterumschwung kneift und zieht.) Und Ihr zweiter Gedanke ist:

»Meine Güte, tut das weh!«

Ihr Ehepartner hört Ihr Gejammer, eilt herbei, und sagt: »Um Himmels willen! Du versaust mit dem Blut die ganzen Geschirrtücher!« - Und dann: »Was hast Du überhaupt gemacht?«

Sie sagen: »Ich habe mich mit dem Brotmesser verletzt.«

Weil Ihr Leben ein Film ist, werden die bewegten Bilder an dieser Stelle angehalten (begleitet vom dem Geräusch einer kratzenden Schallplatte), und eine Stimme fragt aus dem Off: »Wer und was ist gemeint, wenn hier gesagt wird, ›ich habe *mich* mit dem Brotmesser verletzt‹?«

»Ich habe *mich* verletzt«, rufen Sie aus dem Hintergrund, »ist doch klar!« – Doch falls Sie solches rufen, haben Sie natürlich in der Sache durchaus Recht, im Nachsatz »ist doch klar« aber irren Sie. Es ist gar nicht so klar!

Stellen Sie sich vor (aber nicht allzu plastisch, sonst werden Sie noch panisch), dass Ihre Hand aus irgendwelchen Gründen amputiert werden musste.

Jetzt liegt diese Hand vor Ihnen. Wenn Sie nun mit der verbleibenden Hand ein Messer nehmen und in die amputierte Hand hineinstechen, würden Sie dann immer noch »ich habe »mich« verletzt« sagen?

Nehmen wir an, Sie tragen eine Prothese als Handersatz und ein Kollege möchte Sie per Handschlag begrüßen. Wenn wir weiter annehmen, dass es die rechte Hand ist, die Ihnen einst abgetrennt wurde, soll der Kollege zur Begrüßung die amputierte Hand schütteln (falls die aus merkwürdigen Gründen mumifiziert herumliegt), die Plastik-Prothese oder doch lieber Ihre gesunde (also »falsche«) Hand?

Und wenn Sie meinen, dass der Kollege die Prothese schütteln sollte, nehmen wir doch zusätzlich an, dass er in den Raum kommt und Sie die Prothese gerade nicht angelegt haben. Genügt es, wenn der Kollege dann die auf dem Tisch liegende Prothese schüttelt, während Sie weiter Ihrer Arbeit nachgehen oder soll er warten, bis Sie das Plastikding an Ihrem Körper fixiert haben?

Ich wollte Ihnen mit diesem Gedankenexperiment zeigen,

dass es von der Anordnung der Atome im Raum abhängt, was Sie als Ihr »Ich« bezeichnen und was nicht.

Solange der Arm an »Ihrem« Körper dranhängt betrachten Sie ihn nicht bloß als »Ihren Arm«, sondern auch als Teil Ihres »Ichs«. In dem Moment, in dem der Arm nicht mehr mit Ihrem Körper verbunden ist, ist er nicht mehr Teil Ihres »Ichs«.

Die Bedeutung des philosophisch und emotional so aufgeladenen Begriffs »Ich« hängt ganz wesentlich davon ab, wie die Materie dieser Welt angeordnet ist.

Wenn sich die befruchtete Eizelle, aus der Sie geworden sind, geteilt hätte, gäbe es jetzt noch ein Ich, das mit Ihnen aufs Jota identisch wäre. Eine simple materielle Veränderung in der Welt und schon sieht die Ich-Bilanz ganz anders aus.

Wenn Sie nach dem Lesen dieser Zeilen philosophisch grübelnd aus dem Haus gehen und vor einen Bus laufen, gibt es ein Ich weniger in diesem Universum. Eine simple materielle Veränderung in der Welt und schon sieht die Ich-Bilanz ganz anders aus.

Und genauso verhält es sich mit der Ethik.

So wie Ihr »Ich« davon abhängt, wie die Atome der Welt angeordnet sind, hängen Gut und Böse davon ab, wie die Materie der Welt angeordnet ist.

46

DIE STÜTZEN DER GESELLSCHAFT

Einmal öffnete ein Kunde die Tür zu meinem Büro, und er rief aus: »Schwefel, ich rieche Schwefel!« – Dieser »Schwefel« war natürlich eine Anspielung auf die Vorstellung, dass der biblische Teufel den Geruch von Schwefel verbreitet. Und was ist die berühmteste, zumindest gewichtigste Aussage des Teufels in der Bibel? Richtig: »Ihr werdet sein wie Gott und wissen, was gut und böse ist!« (1. Mose 3:5b)

Doch, es ist nicht wirklich das »Wissen« um Gut und Böse, das mir das »satanische« Image gab. Es ist mehr. Ich weiß, wie man Menschen dazu bringt, Beliebiges als »gut« oder »böse« zu empfinden – und jetzt werde ich es auch Ihnen beibringen!

Das Wissen um Gut und Böse hat fünf Schritte, erst einen, dann vier. Beginnen wir, die Flammen züngeln schon!

47

WAS VERÄNDERT SICH?

Ethische Bewegung hat immer mit *Veränderung* zu tun. Wenn alles läuft und funktioniert, haben sich die Beteiligten mit den betroffenen »relevanten Strukturen« abgefunden, sprich: der *Status Quo* selbst erscheint Ihnen als »gut« im ethischen Sinn.

Wir mögen vom »Guten« sprechen, als sei es eine eigenständige Entität, wie die Farbe Blau oder die Schönheit, doch in Realität benötigen diese Eigenschaften stets einen Träger. Der Träger ethischer Bewertung sind *Veränderungen*.

Wer über Gut und Böse redet, redet über die Bewertung von Veränderung. Selbst wenn ein Mensch – oder ein Gott – *gut* oder *böse* genannt wird, so bezieht man sich doch auf die Veränderung, die seine Handlung in der Welt bewirkt.

Alle ethischen Debatten drehen sich um *Veränderungen* – oder um die *Verhinderung* von Veränderung.

Es ist egal, welche Veränderung Sie verkaufen, Sie brauchen immer ein ethisches Fundament, sonst sind Sie eben nur ein Verkäufer. Vielleicht stehen Sie demnächst vor dem einmalig geschmacklosen Marmor-Backdrop des UN-Rednerpultes, einen milliardenteuren Angriffskrieg mit den handelsüblichen zigtausend toten Soldaten und hunderttausend toten Zivilisten verkaufend. Oder die Familienkonferenz debattiert die Anschaffung eines Hundewelpen und nur Sie bringen finanzielle Aspekte und das geteilte Zeitkonto in die Debatte. Es ist immer nützlich, schnell den eigenen Standpunkt als »ethisch gut« zeichnen zu können – und den Standpunkt des Gegners als »ethisch schlecht«. Die Übung dieser Fähigkeit mag »nach Schwefel riechen«, die Ausführung zahlt sich aus, in UN-Resolutionen und gefügigen Familienmitgliedern gleichermaßen.

Der erste Schritt aller ethischen Überzeugungsarbeit ist aber: Definieren Sie, was die Veränderung ist! (zum Beispiel: »Hund anschaffen« – Sie wollen es verhindern, oder: »Ihr Land in einen jahrzehntelangen Krieg verwickeln« – Sie wollen es in die Wege leiten.)

48

STÜTZEN, GENOSSEN!

Es gibt kein Gutes, außer jemandem nutzt es.

Wir haben über *relevante Strukturen* gesprochen. Wenn Sie jemandem verkaufen wollen, dass Ihre Veränderung *gut* im ethischen Sinn sei, treten Sie erst einmal einen Schritt zurück, und fragen, welche *Strukturen* diesem Menschen wirklich *relevant* sind. (Erinnern Sie sich an unsere neue alte Weisheit: »Sage mir deine relevanten Strukturen, und ich sage dir, wer du bist!«)

Wenn Sie nun jemanden überzeugen wollen, dies oder jenes sei »gut«, zeigen Sie ihm, dass es eine ihm relevante Struktur *stützt*. (Eine Struktur zu »stützen« bedeutet, ihren Widerspruch unwahrscheinlicher zu machen. Siehe dazu auch unser Kapitel zu Stabilität und Widerspruch.)

Ist der Mutter die Tochter wichtig, sagen Sie dass dieser Krieg die Sicherheit ihrer Tochter stärken wird. Ihnen fällt schon etwas ein. Ist dem Vater die Karriere wichtig (klar, wir sind stolz auf unsere Klischees, sie sind nun mal so realistisch), zeigen Sie ihm, wie der Hundewelpe die Familie davon ablenkt, dass der Vater sieben Tage die Woche jeweils dreizehn Stunden am Tag arbeitet.

49

DIE HABEN NUR BÖSES IM SCHILDE

Der liebe Gott wäre nicht halb so lieb, wäre da nicht der böse Teufel, der den alten Herrn erst lieb erscheinen lässt. (Doch mal ehrlich: Wer hat das Böse denn geschaffen, wenn nicht der, der alles geschaffen hat? Und haben Sie mal nachgezählt, wie viele Menschen im Alten Testament der Teufel umbringt, und wie viele Gott?)

Wenn Sie als *ethisch gut* erscheinen wollen, müssen Sie *erstens* einen Gegner haben, und *zweitens* vorführen, dass der Gegner die relevanten Strukturen des Zuhörers schwächen will oder die Schwächung der relevanten Strukturen des Publikums zumindest *in Kauf nimmt*.

Sie möchten einen Krieg beginnen? Nennen Sie diesen eine friedenssichernde Mission, klar. Der argumentative Gegner faselt trotzig von »Frieden und Diplomatie«? Er nimmt zynisch den Tod kulleräugiger Kinder in Kauf! Das ist Ihr Argument: Der Gegner führt Böses im Schilde, indem er Böses in Kauf nimmt.

Sie möchten einen Hund in die Familie einbringen? Der argumentative Gegner behauptet, ein Hund würde monatliche Kosten für Tierarzt und Hundefutter verursachen? Ihm ist doch die Kindheit der Kinder egal!

Es genügt nicht, *gut* zu sein, der Gegner muss auch *böse* sein. Je böser der Gegner, um so strahlender Ihre Güte.

50

DÄMONEN, DÄMONEN ÜBERALL

Es ist selten, dass die Dinge wirklich gut sind. In jenen Momenten soll alles bitte weiterlaufen, weiter wie bisher, vielleicht ein wenig stabiler. Aus Gründen, die auch die bekannte »Psychologie der Massen« nicht beantwortet, beschließen die Menschen schon mal, dass ihnen zu wohl ist, und so begibt sich selbst eine weise Nation auf so glattes wie dünnes Eis.

Gerade dann aber gilt es, den eigenen kleinen Zirkel der Menschheit davon abzuhalten, sich wie jene Lemminge von der Klippe zu stürzen. Es ist oft wenig aussichtsreich, haben doch die Treiber der Lemminge die lauteren Stimmen. Man kann es versuchen, was soll man auch tun? Klar, zuerst ist man verpflichtet, die eigene Familie in Sicherheit zu bringen, danach muss man dann gleich die Kreise größer ziehen. Reden wir also davon, wie man die Menschen von Veränderungen abhält!

Wir erinnern uns: In ethischen Debatten geht es stets um *Veränderung*.

Will ich eine Veränderung als *böse* markieren, muss ich zeigen, dass der Gegner durch sie *relevante Strukturen schwächt*. Ich aber, der Gute, will *relevante Strukturen vor Schwächung* bewahren, indem ich die schwächende Veränderung verhindere. Wieder ist der Gegner der Böse.

51

VIERSCHRITT DER KONTROLLE

Das Stützen und Schwächen, das Gute und Böse – dieses kleinste Einmaleins der Manipulation, lässt sich in vier Merksätzen für die geistige Westentasche bereitstellen.

SZENARIO 1: FÜR VERÄNDERUNG

- Zeigen Sie, dass die Veränderung eine dem Zuhörer relevante Struktur stärkt.
- Zeigen Sie, dass der Gegner dieser Veränderung die Schwächung einer relevanten Struktur in Kauf nimmt.

SZENARIO 2: GEGEN VERÄNDERUNG

- Zeigen Sie, dass Ihr Bekämpfen dieser Veränderung

die Schwächung einer relevanten Struktur verhindert.

- Zeigen Sie, dass Ihr Gegner durch diese Veränderung eine relevante Struktur schwächt.

Egal, was passiert, wofür und wogegen Sie sind, immer sind Sie es, der dem Zuhörer relevante Strukturen stärkt, und Ihr Gegner ist es, der sie schwächt.

52

ETHISCHE GEFÜHLE WECKEN

Wie erkennen wir, was »gut« ist? Unser »ethisches Gefühl« muss geweckt werden. Wie stellen wir nachhaltig sicher, dass etwas gut ist? Es muss sich auch bei intensiver Untersuchung wieder und wieder als »gut« erweisen.

Ethik wie Ästhetik mögen eine Frage der Perspektive und individuellen Voraussetzungen sein, und doch gibt es Schönheit und Güte, die sich über Jahrhunderte und Jahrtausende hinweg erhalten hat. Auch »ewige« Schönheit ist nur dadurch »ewig«, dass viele Menschen sie – auch und besonders nach viel Reflexion – zuverlässig als »schön« wahrnehmen. Zuverlässiges Wecken ästhetischer Gefühle ist so nah, wie wir Menschen an eine »reine« Schönheit gelangen können. Zuverlässiges Wecken ethischer Gefühle ist so nah, wie wir Menschen an eine »reine« Güte gelangen werden.

Wie man zuverlässig in anderen Menschen den Eindruck von *Schönheit* weckt, soll Gegenstand anderer Bücher bleiben.

Fürs zuverlässige Wecken *ethischer* Wahrnehmung in anderen Menschen haben Sie zwei Wege:

- Sie können versuchen, per Spiegelung die eigenen Strukturen im Gegenüber relevant erscheinen zu lassen.
- Sie können dafür sorgen, dass die Ihnen relevanten Strukturen Ihrem Gegenüber tatsächlich relevant sind.

53

WAS IST WICHTIGER ALS ICH? MEINE DNA!

Jedes System – mit »System« meinen wir hier eine Formel unter dem besonderen Aspekt, dass sie mehrere wichtige Teil-Formeln enthält – jedes System also, das es bis hierhin geschafft hat zu überleben, hat logischerweise die Angewohnheit, das eigene Überleben als ganz entscheidend wichtig anzusehen.

Dass die Menschheit allgemein und konkret Ihr Stamm im Besonderen es bis hierhin geschafft hat, ist vor allem einer Eigenschaft zu verdanken: Ihre Art hat die Bewahrung und Vermehrung der eigenen DNA (des genetischen Codes) an erste Stelle gestellt. Der emotionale (und, wohl auch: menschliche) Teil von mir liebt meine Kinder. Der rationale Teil von mir ahnt, dass es der Drang zur Erhaltung der Gene ist, der mich zur Liebe treibt.

Nein, das Credo der Evolution ist nicht »Überleben des Fittesten«. Die Leitidee der Evolution ist die Bewahrung und Vermehrung des eigenen genetischen Codes, völlig egal wie. Es bedeutet sicher etwas, dass die Kräfte, die uns Menschen treiben (DNA-Information, Geld, Moral), allesamt virtuell sind. Wir bewundern ja das selbstvernichtende Heldentum bei jenen, die ihr Leben opfern für andere Träger ähnlicher DNA. Wir bewundern es nicht nur, wir erwarten es! Die Weitergabe der DNA ist wichtiger als das Leben des Einzelnen.

Den einen Leuten ist es selbstverständlich, den anderen ist es ein Sakrileg, wahr ist es dennoch für alle: Wir alle sind Tropfen im großen Fluß der Evolution und unsere Bestimmung ist die Bewahrung der eigenen Gen-Information.

54

HINEINVERSETZEN

»You should walk a mile in my shoes«, sagen die Amerikaner: »Du solltest eine Meile in meinen Schuhen gehen.«

Um einen Menschen zu *verstehen*, soll man sich »in ihn hineinversetzen«. Können Sie aus dem Stegreif sagen, was es bedeutet, sich in einen anderen Menschen *hineinzuversetzen*? (Wer »das weiß man doch« sagt, weiß es meist nicht, denn sonst würde er einfach sagen, was er weiß, statt zu sagen, dass »man« das weiß – das weiß man doch!)

Wenn wir *verstehen* möchten, wieso ein Mensch etwas als ethisch und gut empfindet, müssen wir verstehen, welche Strukturen für ihn relevant sind. Sich in einen anderen Menschen »hineinzuversetzen«, bedeutet, die ihm relevanten Strukturen zu kennen.

55

FÜR DIE GUTE SACHE

Immer wieder in der Geschichte der Menschheit sind Familienväter in den Krieg »für die gute Sache« gezogen, um zu töten und getötet zu werden - wobei dieselben Menschen daheim nicht selten selbst der kleinsten Kneipenschlägerei milde lächelnd aus dem Weg gegangen wären. Dieser merkwürdige Mechanismus ergibt evolutionslogisch durchaus Sinn. Vergessen wir nicht, dass der Sinn der Evolution die Vermehrung der Gene ist, nicht unbedingt das Wohlbefinden des Einzelnen.

Für die Vermehrung der Gene eines einzelnen Stammes ergibt es sehr viel Sinn, dass der Einzelne sich für den großen Genpool opfert, also seinen Tod in Kauf nimmt im Kampf gegen das Böse (das, was die einbettenden Formeln destabilisiert oder destabilisieren könnte) und für das Gute (das, was die eigenen Formeln stabilisiert). Folgerichtig erklären sich zum Beispiel in den USA Zigtausende von Soldaten bereit, im Kampf gegen den Terror (der das explizite

Ziel hat, das US-System zu destabilisieren) und für den Zugang zu Erdölreserven (was das US-System stabilisiert) den eigenen Tod und die Verwaisung der eigenen Kinder zu riskieren.

Der zunächst unerklärliche Wunsch des Einzelnen, seine eigene Formel zugunsten der ihn einbettenden Formeln zu opfern, ergibt bei näherer Betrachtung durchaus Sinn.

56

SCHMERZVERMEIDER

»Denken tut weh«, pflegt meine Großmutter zu sagen. Ich habe in meinem Leben große Männer und Frauen getroffen, aber wenige, die Menschen so lesen können wie meine Großmutter. Sie hat ihre Fähigkeit aber nicht für Machtgewinn benutzt und auch fürs Geldverdienen nur so weit wie notwendig. Ihr Ziel war nicht Macht. Sie nutzte ihre Fähigkeiten, um die Familie aus der kommunistischen Diktatur heraus und ihre Kinder und Enkel in die Universität hinein zu bekommen.

Eine der Grundweisheiten meiner Großmutter lautet: Unterschätze nie den Unwillen der Menschen, nachzudenken. Oder, kürzer, denn das Leben ist kurz: »Denken tut weh.«

Wir empfinden als »gut«, was eine uns relevante Struktur stützt – oder ihre Schwächung verhindert. Wir empfinden einfache Gedanken allein durch ihre Einfachheit als »gut«. Wer uns Denken erspart, erspart uns Schmerzen, wie ein Arzt, oder ein Drogenhändler.

57

KRIEG GEGEN KONFUSION

Eine weitere Konstellation, die im Menschen die Todesbereitschaft weckt, ist absurderweise die Notwendigkeit, vertrackte, komplexe Situationen zu analysieren. Um es mit Bertrand Russell zu sagen:

> »Viele Menschen werden lieber sterben, als nachzudenken. Und sie tun es auch.«

Eine Steigerung des Nachdenkens ist natürlich das überprüfte Nachdenken, wie es etwa in schriftlichen Tests, aber auch öffentlichem Reden praktiziert wird. Dass Menschen vor Tests Angst haben, ist so banal, dass man es nicht erst belegen muss. Interessant ist jedoch, dass sie diese Angst in konsequenzfreien Quiz-Spielen als prickelnd und anregend empfinden, wie etwa auch den Angstspaß beim Betrachten eines Horror-Films oder auf Jahrmarkt-Attraktionen. Doch beim öffentlichen Reden, also der unmittelbarsten öffentlichen Prüfung des persönlichen Denkvermögens, haben Psychologen herausgefunden, ist die Angst größer als die vorm Tod. Um es mit Jerry Seinfeld zu sagen: »Bei der Begräbnisfeier würden die meisten Menschen lieber im Sarg liegen als die Rede zu halten.«

58

SIE KENNEN SICH DOCH!

Es gibt Momente, in denen sind Sie eher philosophisch veranlagt. Da grübeln Sie über das Weltganze oder auch darüber, wieso schwarze Kleidung immer schick aussieht, aber braune Kleidung nur vor 18 Uhr. Sie haben diesen inneren Drang, über Sinn und Zusammenhänge nachzudenken, und wir wollen diesen Drang den »philosophischen Aspekt in Ihnen« nennen.

Dann gibt es noch jene anderen Momente, in denen sind Sie eher »äffisch« veranlagt. In Ihren »äffischen« Zeiten haben Sie die Schnauze voll von nervigen Menschen, wollen »was Vernünftiges« essen oder einfach nur Sex haben. In jenen Momenten wird Ihr Wollen (und oft auch das Handeln) gelenkt vom inneren Drang, die *biologische* Essenz des Menschen auszuleben. Wir wollen diesen Drang den »äffischen Aspekt in Ihnen« nennen.

Um zu verstehen, wie ein Mensch eine Situation ethisch bewerten wird, hilft es, seine Motivationen zu verstehen.

Gott hat den Menschen so geschaffen, dass er nicht zu unterscheiden ist von einem Lebewesen, dass sich entwickelt hat aus denselben Vorfahren wie heutige Affen. Der Mensch ist ein Affe. Dann aber fiel Gott ein, dass er doch den Menschen eigentlich nach seinem eigenen Antlitz erschaffen wollte. Also machte er den Menschen auch ganz einen Philosophen. Ein Philosoph ist ein Wesen, das sich selbst betrachtet. Der Mensch ist ein Philosoph. Wir setzen zusammen, was nicht zusammenpasst, aber eben doch zusammengesetzt ist: Der Mensch ist Affe und Philosoph zugleich.

59

DER AFFE WILL ES! DER PHILOSOPH WILL ES!

Unser Affe hat drei Grund-Motivationen.

Erstens: Der Affe will Sex. Die Logik dahinter war einst, dass der Affe durch Sex das Überleben seines Stammes sichert. Der Philosoph hat ihn da aber ausgetrickst und die Verhütung erfunden, denn wer sich weniger vermehrt, hat mehr Zeit zum Philosophieren – oder was er für Philosophieren hält.

Zweitens: Der Affe will Zucker, Salz und Fett fressen. Die Logik dahinter war einst, dass wenn man diese drei Nahrungsbestandteile sucht, alles andere Wichtige wie Vitamine automatisch mitkommt. Der Philosoph hat den Affen da aber ausgetrickst und Nahrung erfunden, die ohne die Zusatzstoffe auskommt. Der Philosoph hat das gemacht, um Geld zu verdienen, denn Geld ist eine Art, wie der Philosoph an Macht kommt, ohne dass sich der Affe prügeln muss.

Drittens: Der Affe will Sicherheit, und wenn irgendwas

ihm Anlass gibt, an seiner Sicherheit zu zweifeln, fürchtet sich der Affe und fletscht die Zähne. Furcht aber lässt den Affen alles tun, die Ursache der Furcht zu beheben und wieder einen Zustand von gefühlter Sicherheit zu erlangen. Wenn er sich sicher fühlt, kann der Affe sich wieder seinen beiden anderen Vorlieben zuwenden, dem Sex und dem Fressen von Zucker, Salz und Fett.

Der Philosoph hat nur ein einziges Interesse: Er möchte die Welt verstehen. Und wenn sie nicht verstehbar ist, wenn sie unordentlich ist, wird er versuchen, sie zu ordnen. Der Philosoph liest Nachrichten, die ihm die Zusammenhänge der Welt aufzeigen, auf dass er sie ordnen kann, und sei es nur in seinem Kopf. (Ob sie es *richtig* gezeigt haben, ist eine andere Frage. Ihm ist wichtig, dass es *eine* Ordnung ist.)

Beide, Affe wie Philosoph, sind in ihren Zielen zuerst einmal egoistisch und rücksichtslos.

Der Affe möchte sich vermehren, möchte sich in Sicherheit bringen und möchte Zucker, Salz und Fett fressen, selbst wenn er zum Erreichen dieser Ziele buchstäblich über Leichen gehen muss.

Der Philosoph möchte ein Bild der Welt in seinem Kopf haben, das er begreifen kann: die Welt muss ihm »Sinn« (er)geben. Und machen wir uns nichts vor: Der Philosoph ist nicht weniger rücksichtslos als der Affe und genauso wie der Affe ist er bereit, dieses Ziel mit allen nötigen und verfügbaren Mitteln anzugehen.

60

DIE EVOLUTION WILL ES!

Es ist offensichtlich, dass es die Evolution war, die den Affen zum Affen machte. Das Wesen der Evolution ist, wie wir wissen, die »Vermehrung der eigenen Gene«. Und was der Affe machen möchte, ist eben seine Gene zu vermehren. Gene sind nun nichts anderes als komprimierte Information. Lebewesen sind mehr oder weniger intelligente Maschinen, gebaut um den Zweck herum, diese Information zu multiplizieren. Eine einzige Gruppe dieser Maschinen aber entwickelte die Fähigkeit, Information nicht nur unbewusst und aus Versehen zu vermehren, sondern direkt mit Information als eben solcher umzugehen. Dieses wohl einzige, mit ganzem Ernst informationsverarbeitende Lebewesen nennen wir »Mensch«. Die Fähigkeit, Information zu verarbeiten ist der Philosoph im Affen.

Auch wenn wir uns gerne einbilden, dass der Philosoph irgendwie »höher« sei als der Affe, so ist doch der Philosoph genauso von biologischer Motivation getrieben. Der Affe möchte sich biologisch absichern und er bevorzugt eine einfache, funktionierende, beherrschbare Umgebung, in welcher er dann nächtigen kann. Der Philosoph möchte sich intellektuell absichern und bevorzugt eine verstehbare und ihm harmonisch erscheinende Weltordnung, innerhalb derer er, theoretisch oder praktisch, seine intellektuellen Ideen ausprobieren und ausbauen kann.

Das größte Problem, das Affe und Philosoph in der heutigen Zeit haben, ist, dass die Konsumgesellschaft Tricks entwickelt hat, den Affen und den Philosophen »scheinbar« zu befriedigen, ohne es *wirklich* zu tun.

Der Affe hat Sex mit Verhütung, befriedigt seinen Bedarf nach sexueller Erleichterung und lässt doch seinen Stamm aussterben. Fernseh-Nachrichten simulieren sowohl auftretende Gefahren als auch deren Bannung und motivieren uns, zu akzeptieren, dass unser Land unvorstellbare Schulden aufnimmt um Waffen zu kaufen. Der Affe kauft künstlich hergestellte Nahrung, die seine Geschmacksnerven stimuliert, aber ihn krankmacht, weil sie zu wenig der Nährstoffe enthält, die früher zuverlässig mitkamen, wenn der Mensch sich eben diese Geschmacksnerven von Feigen oder Schnitzeln stimulieren ließ.

Der Philosoph aber lässt sich abspeisen mit dem Geschwätz abendlicher Talk-Runden und seichten Welterklärungen wichtig dreinschauender Dummschwätzer. Er will die Welt verstehen, doch genauso wie der Affe möchte der Philosoph seine Arbeit besonders effektiv tun.

Sowohl die maximale effiziente Motivation des Affen als auch die maximale effiziente Motivation des Philosophen werden erforscht von diversen Wissenschaftlern, vom Nahrungsbiologen bis hin zum Neuromarketer.

Wir wollen versuchen, zu verstehen, wie die Affen- und Philosophen-Natur wirksam sind in den ethischen Empfindungen des Menschen.

61

DIE VERSÖHNUNG

Die fürs Glück notwendigen Handfertigkeiten lassen sich mit dem Gitarrenspiel vergleichen: Die ersten paar Akkorde sind einfach—und so verkaufen auch Gitarrenlehrer wie Gurus ihre ersten Stunden – die Meisterschaft jedoch erfordert ein Leben lange Arbeit.

Wer Glück finden will, wer nach innerer Ruhe strebt, der kommt nicht drum herum, den Affen und den Philosophen in sich zu versöhnen.

Der Affe in mir möchte, dass ich mich vermehre. Der Philosoph in mir möchte, dass ich über das Leben nachdenke. Ich selbst habe übrigens eine Frau gefunden, Elli, die tatsächlich Philosophin ist, samt akademischem Abschluss. Mit ihr hat der Affe in mir zwei zuckersüße Kinder gezeugt.

Der Philosoph möchte, dass ich ein Buch lese. Der Affe möchte, dass ich Fleisch brate und es meinem Weibchen und unseren Nachkommen zum Fressen gebe. Wir versuchen also, am selben Abend, etwas zu lesen und etwas zu grillen.

Es gibt Menschen, die geben sich ganz dem Äffischen hin. Sie werden nicht glücklich. Und ich habe Menschen kennengelernt, die waren 24 Stunden am Tag ganz Philosoph. Sie sahen weder gesund noch glücklich aus.

Der Philosoph und der Affe in uns sind sich nicht in allem einig – wenn sie es wären, müssten wir diese Dualität nicht zum Thema machen. Und doch: Jeder von uns trägt den Affen und den Philosophen in sich. Der römische Gott *Janus* hat zwei Gesichter. Eines schaut in die Zukunft und eines schaut in die Vergangenheit. Er ist der Gott der Anfänge und der Enden. Wir alle aber tragen zwei weitere Gesichter. Es ist das rothaarige Gesicht des Affen und das graubärtige Gesicht des Philosophen.

Frieden findet, wer den Philosophen und den Affen in sich versöhnt.

DAS DILEMMA

Ethik wäre ja eine einfache Angelegenheit - wären da nicht die vielen Dilemmas. Wir wissen, was gut ist und was böse, und sind stolz auf uns, und dann kommen wir in eine Situation, in der es auf den ersten Blick nur falsche oder halbrichtige Lösungen gibt.

SCHRANKENWÄRTER-DILEMMA

Nehmen wir an, Sie sind der aus Ethik-Seminaren bekannte Schrankenwärter und beaufsichtigen eine Bahn-Schranke samt Zugweiche. Ein Zug donnert heran, da sehen Sie einen Baumstamm auf den Gleisen. Der Zug wird ihn rammen, das wird viele Leben kosten. Sie haben eine Möglichkeit: Sie können eine Weiche umstellen und der Zug wird auf ein zweites Gleis ausweichen. Auf diesem Gleis aber arbeiten drei

Gleisarbeiter, die dann sicher sterben werden, während den Passagieren im Zug nichts passiert. - Was tun Sie? Was soll der Mensch also jeweils tun?

~

Auf den ersten Blick, lassen uns solche Dilemmas natürlich stutzen. Doch dann schaut man genauer hin und stellt fest, dass aufgrund ihrer Ausgedachtheit diese Dilemmas mit einem wenig realistischen Mangel an Begleitinformationen daherkommen. Wenn diese Beispiele *real* wären, würden sie eine Reihe weiterer Informationen zur Situation enthalten. Es wird seinen Grund haben, dass manche kluge Menschen sich den Diskussionen über solche ausgedachten Szenarios verweigern.

Eine Variante des Beispiels vom Schrankenwärter bringt einen interessanten Aspekt in die Gleichung: Unter den potentiell »Geopferten« auf den Gleisen befindet sich auch der Sohn des Wärters. Bei Gelegenheit ist dort auch *nur* der Sohn, besonders wenn Christen dieses Simile erzählen.

Wenn sich nun der Sohn des Wärters auf den Gleisen befände, dann wäre die Frage weniger ethisch als mehr psychologisch. In so einer Situation wäre der Wärter praktisch *ethisch entlastet* und könnte »nichts falsch machen« – je nach Perspektive auch: nichts *richtig* machen. Dann wäre es mehr eine Frage nach der Psyche des Wärters als nach Ethik: Wird sich der Familienvater oder der Zugbetriebs-Verantwortliche im Gleiswärter durchsetzen? Oder, anders gefragt: Was ist dem Wärter die relevante(re) Struktur?

63

DER RELEVANTE BANKRÄUBER

Sprechen wir über ein weiteres »Dilemma«, das des *Bankräubers im Keller*. Der »ethische Blick« fragt, noch während er das Beispiel hört: Welche Strukturen sind den Beteiligten jeweils relevant? Welche Strukturen könnten *mir* relevant sein?

~

DER BANKRÄUBER IM KELLER

Ein weiteres Dilemma: Ein Bankräuber versteckt sich bei Ihnen im Keller. Die Polizei klopft an die Tür und fragt Sie, ob der Verbrecher bei Ihnen versteckt sei - Was antworten Sie?

~

Was antworten Sie der Polizei, wenn der Bankräuber Ihr Sohn ist, der gestohlen hat, um seine Drogensucht zu finanzieren? Was antworten Sie, wenn Sie nicht glauben, dass der Staat dem Räuber ein gerechtes Verfahren angedeihen lässt? Was antworten Sie, wenn der Bankräuber jemanden beim Raub getötet hat?

Zunächst hat der Räuber natürlich eine für Sie sehr relevante Struktur verletzt, als er sich Zutritt zu Ihrem Haus verschaffte, nämlich die Sphäre der »eigenen vier Wände«. Vielleicht haben Sie sich bei seinem Eindringen an Leib und Leben bedroht gefühlt, und Ihnen ist auch noch bewusst, dass sein Banküberfall die Gesamtordnung der Gesellschaft, derer auch Sie Teil sind, geschwächt hat. Alle diese ethischen Fakten versetzen ihn aus Ihrer Perspektive in die Kategorie »relevante Strukturen bedrohend«, sprich »böse«.

Der Bankräuber in Ihrem Haus weiß, dass die Polizei früher oder später an Ihrer Türe erscheinen wird. Er weiß, dass Sie zunächst einmal sehr motiviert sind, ihn zu verraten. Also muss er Sie so schnell wie möglich davon überzeugen, dass es »gut« ist, ihn doch zu schützen.

Sie werden seinen Schutz als aus Ihrer Perspektive »gut« empfinden, ...

- wenn sein Schutz eine für Sie relevante Struktur stärkt oder deren Schwächung verhindert, oder ...
- wenn sein Schutz eine Struktur, die Sie durch Spiegelung als relevant empfinden, stärkt oder deren Schwächung verhindert.

Betrachten wir zuerst die direkt relevanten Strukturen. Der Bankräuber kann drohen, Ihnen oder Ihren Lieben einen Schaden zuzufügen, wenn Sie ihn verraten. Damit würde es eine für Sie relevante Struktur schwächen, ihn dranzugeben. Der Bankräuber kann versprechen, die Beute des Bankraubs mit Ihnen zu teilen. So könnten Sie zur Ansicht gelangen, dass sein Schutz eine für Sie unmittelbar relevante Struktur *stärkt*.

Nun betrachten wir jene Strukturen, die Sie durch Spiegelung als relevant empfinden. Der Bankräuber kann ihnen von seiner niedlichen Tochter erzählen, die eine dringende Operation benötigt, welche er vom Bankraub finanzieren will. (Als Europäer können wir uns kaum vorstellen, dass in Teilen der Welt noch immer das Bankkonto zwischen lebensrettender Operation und Armengrab entscheidet.) Ihn zu verraten würde eine Struktur schwächen, die Sie als relevant empfinden, wenn er seine Tochter so beschrieben hat, dass Sie ihn als liebenden Vater oder die Tochter selbst spiegeln können. Der Räuber könnte aber auch von einem Traum berichten, einem Hausbau oder einer Abenteuerreise, die er mit dem geraubten Geld finanzieren möchte. Durch Spiegelung werden Sie motiviert, ihn zu schützen um diese zukünftige Struktur zu stärken.

Ob der Bankräuber von Ihnen verraten wird, hängt davon ab, ob er Ihre Psyche und Ihr ethisches Kostüm richtig eingeschätzt hat.

Vielleicht wurden Sie ideologisch erzogen und sind der unerschütterlichen, tief empfundenen und in Ihrer Praxis manifestierten Meinung, dass es eine Pflicht gibt, die unabhängig vom spontanen Wohl Ihrer selbst oder anderer

Personen gilt. Dann sollte der Bankräuber Ihnen nicht einen Anteil an der Beute bieten, sondern Sie davon zu überzeugen versuchen, dass ihn zu schützen doch Teil einer größeren, gerechteren Weltordnung sei.

Vielleicht sind Sie eher pragmatisch und wollen zuerst einmal sich und Ihr eigenes Fell in Sicherheit bringen. Dann sollte der Bankräuber weder von größerer Weltordnung noch von seinen Kindern erzählen, sondern Ihnen zugleich einen Anteil der Beute versprechen und Sie bedrohen, für den Fall, dass Sie ihn verraten.

64

WAS VORM AUGE IST

Das ethische Dilemma ist ein mächtiges Werkzeug für die Manipulation von Einzelmenschen oder Menschengruppen.

Wenn Sie ein ethisches Dilemma nutzen möchten, um Menschen in Ihrem Sinne denken und handeln zu lassen, hilft es, wenn Sie mit einem tatsächlich wahrgenommenen Dilemma beginnen.

Nehmen wir als Beispiel das Dilemma *Recht auf Familienplanung* versus *Überalterung der Gesellschaft*. Sie haben das Recht so viele oder so wenige Kinder zu bekommen wie Sie wollen und können. Auf der anderen Seite ist es ein mathematisches Faktum, dass mindestens 2-komma-1 statistische Kinder pro gebärfähige Frau notwendig sind, damit eine Gruppe nicht ausstirbt. – Sprich: Wir haben also ein handfestes ethisches Dilemma.

Ihre Motivation, die Menschen in die eine oder andere Richtung zu manipulieren, hängen vielleicht von Ihren finanziellen Interessen oder den Erlebnissen in ihrer Kindheit ab. Das ist aber jetzt nicht die Frage. Die Frage ist, was es ist, das Sie möchten, dass die von Ihnen manipulierten Menschen als »gut« ansehen.

Wenn Sie die Mehrheit der Menschen davon überzeugen möchten, durchschnittlich mindestens 2-komma-1 Kinder zu bekommen, machen Sie Gemeinschaft und Volk als relevante Struktur emotional relevant. (Und erleben Sie, zumindest in Deutschland, wie die meinungsbildenden Philosophen sie als »Nazi« titulieren, Ihre Existenz und die Zukunft Ihrer Kinder ruinieren.) Wenn Sie viele, viele Menschen davon überzeugen möchten, mehr als durchschnittlich 2,1 Kinder zu bekommen, müssen Sie sie davon überzeugen, dass sie es (auch) für die Erfüllung eines höheren Auftrags tun, zur Stützung einer Struktur, die größer ist als die Familie selbst. Optional kann dies neben Volk und Nation auch ein Gott sein, der seinen Auserwählten den Auftrag gibt, sich fortzupflanzen als Träger einer speziellen Welterklärung.

Wenn Sie die Menschen davon überzeugen möchten, (berufliche) Selbstverwirklichung über Fortpflanzung zu stellen (zum Beispiel, weil Sie qualifizierte, ausgeschlafene Arbeiter und Konsumenten von Luxus-Gütern brauchen, weil Sie mehr große Kunst und menschenrettende Forschung hervorbringen lassen möchten), machen Sie ihnen das eigene, erlebte Selbst im Jetzt maximal emotional relevant. Reden Sie von Selbstverwirklichung im engsten Sinne, von Genuss und Entspannung, von Recht auf den eigenen Körper, von allem, das den Einzelnen nur sich selbst als relevante Struktur empfinden lässt. Weil aber jeder Mensch angeborenerweise das Bedürfnis nach »mehr« empfindet, nach der Einbettung in größere Strukturen, erzählen Sie ihm von Farmen am anderen Ende der Welt (gespiegelt relevant) und von einer esoterischen Weltharmonie (anscheinend tatsächlich relevant). Der Mensch sieht, was vor seinem (geistigen) Auge ist, und was vor seinem Auge ist, das ist ihm relevant.

65

DEN KÄMPFER MOTIVIEREN

Wenn Sie einen Kämpfer maximal motivieren möchten, müssen Sie auf zwei mal zwei Gebieten vorgehen:

- Zeigen Sie ihm, inwiefern seine Tat maximal »gut« ist.
- Zeigen Sie ihm, inwiefern seine Tat maximal wirksam gegen »das Böse« ist.
- Geben Sie ihm einen Rahmen, der ihm eigenes Nachdenken über Gut und Böse erspart.
- Machen Sie ihm bewusst, dass die andere Seite ihn zum Hinterfragen seiner als grundlegend empfundenen Weltmodelle bringen wird.

In Punkt 1 sind Sie umso effektiver, umso mehr für Ihn relevante Formeln sein Einsatz stützen wird. Sagen Sie ihm also nicht nur, wie sehr seine Hingabe dem Land dienen wird, sondern sichern Sie auch glaubwürdig zu, dass im Falle seines Ablebens seine Familie mit Land und Geld versorgt wird. Er will »für das Gute« sterben. Und das höchste Gute, aus seiner Perspektive, ist das Stützen aller Formeln, in die er eingebunden ist.

Bei Punkt 2 drehen Sie Punkt 1 um. Machen Sie dem Kämpfer nicht nur klar, wie sein Tod alle ihn einbettenden Formeln stützen wird, sondern auch welche negativen Konsequenzen seine Verweigerung hätte, und zwar sowohl für sein Land als auch für seine Familie. Sie müssen hier nicht als moralisch kohärent auftreten. Es wäre durchaus wirksam, wenn Sie die Familie des »Helden« beschenkten und die des Deserteurs zu Tode folterten.

In Punkt 3 bieten sich natürlich Religionen an. In jüngster Geschichte hat man auch politische Ideen als Denkabbruch einzusetzen versucht, doch haben Religionen mehr Erfahrung damit, die vielen menschlichen kognitiven Fehlleistungen auch in Extremsituationen wirksam ruhigzustellen. Alle drei monotheistischen Religionen fanden so ihren Anfang. Das heutige Christentum etwa entstammt einer Initiative des Kaiser Konstantin im Jahr 313, das komplizierte und aus militär-politischer Sicht ungeeignete (und zudem zu philosophischem Denken anregende) römisch-griechische Vielgöttersystem durch eine Verschmelzung der Traditionen eben dieses Systems (Weihnachten et cetera) mit der erheblich schlichteren Theologie einer bestimmten Sekte mit jüdischen Wurzeln zu ersetzen. Und er war einigermaßen ehrlich ob seiner Motivation für die Einsetzung des neuen Denkschemas: Im Jahr 312 soll ihm vor der Schlacht an der Milvischen Brücke ein leuchtendes Kreuz mit der Inschrift »In hoc signo vinces!« (In diesem Zeichen wirst du siegen!) erschienen sein. So zogen seine Soldaten auch unter dem Zeichen des Gottessohnes in die Schlacht, und zwar sehr erfolgreich.

Auch für Punkt 4 gibt es Beispiele in der Geschichte. Keine der monotheistischen Religionen wird müde, den Zustand außerhalb der eigenen Gruppe als Spielart einer »Hölle des Zweifels« darzustellen.

(Im Christentum etwa wird die eigene Denkbegrenzung als »das Haus auf dem Felsen, das dem Sturm trotzt« beschrieben, die unbeantworteten Fragen der griechischen Philosophen jedoch als angsteinflößendes »Haus auf Sand, das der Sturm wegbläst«.) Jeder Mensch, auch Sie und ich, hat ein angeborenes Unwohlsein vor allem, was Zweifel in die eigene Welterklärung bringt. Um den idealen Kämpfer heranzuziehen, müssten Sie dieses Unwohlsein pflegen und verstärken bis daraus wilde Panik und blanker Hass wird. Dies könnten Sie erreichen, indem Sie immer wieder auf dieses unangenehme Gefühl verweisen, als Schuldigen dafür »die Anderen« installieren und gleichzeitig die schlimmsten Konsequenzen der Inkohärenzen des Weltbilds »der Anderen« vor Augen führen.

66

BELEIDIGTSEIN IST MENSCHLICH

Mit manchen Menschen fühlt sich jedes Gespräch wie eine Bombenentschärfung an. Jeder zweite Satz kann sie zur Explosion bringen und an jedem dritten Wort brennt eine Zündschnur. Noch das kleinste Thema ist eine scharfe Tretmine und allzuoft ist jede von mehreren Möglichkeiten die Tür zum Vorraum der emotionalen Hölle.

Jerry Seinfeld beschrieb eine solche Person einmal folgendermaßen: Mit ihr zu sprechen ist wie mit einem Lastwagen voller Nitroglycerin über Kopfsteinpflaster zu fahren!

Es ist ja nicht so, dass jene Schnellbeleidigten stets mit Landkarte oder Bedienungsanleitung kämen, oh nein! Allzu oft stochert man bei ihnen im Dunkeln. Im Dunkeln zu stochern ist aber extra gefährlich, wenn Sprengstoff im Spiel ist! Man kann sie nicht einmal fragen, was sie entzündbar macht, denn natürlich würde auch das Eingeständnis, leicht zu explodieren, sie explodieren lassen.

Auf den ersten Blick wirkt so ein Schnellbeleidigter »animalisch«. So einer, der schnell explodiert, der ist doch wie ein wilder Affe! Ja, das wirkt so, aber innerhalb unserer Vorstellung vom »Äffischen« ist es nur halbrichtig. Haben Sie je von einem *beleidigten* Affen gehört? Traurig, ärgerlich, oder sogar beschämt, das alles kann man sich beim Affen vorstellen, das kennt auch jeder Hundebesitzer von seinem treuen Gefährten, aber *beleidigt*, nein, beleidigt wird ein Tier nicht sein.

Eine Schildkröte können Sie nicht beleidigen, soweit ich weiß. Einen Regenwurm wahrscheinlich auch eher weniger, und einen Stein ganz bestimmt nicht. Es gibt etwas Besonderes im Menschen, das ihn beleidigbar macht. Beleidigtsein ist menschlich.

Es ist nicht der Affe, sondern der Philosoph im Menschen, der von Zeit zu Zeit *beleidigt* ist.

67

DIE FORMEL SELBSTBILD

Sie sehen einen Tisch, und Sie meinen, der sei aus Holz. Sie fassen die Tischplatte an, doch Ihre Hand zuckt zurück – der Tisch ist ja aus kaltem Plastik! Billiges Imitat! Die aufgedruckte Maserung ließ Sie im Kopf eine Formel bereitstellen, die nicht zu *diesem* Tisch passte. – So ähnlich ist es mit der Beleidigung.

Nehmen wir an, ich sage Ihnen: »Haha, Sie sind aber klein!« – In welchen Fällen empfinden Sie das als *Beleidigung*?

- Wenn Sie selbst »normal groß« oder sogar »extra groß« sind, wird diese Aussage wohl irritieren, aber nicht *beleidigen*.
- Wenn Sie tatsächlich klein sind und sich damit auch abgefunden haben, werden Sie mich zu Recht für einen ungezogenen Rüpel halten, aber wirklich *beleidigt* werden Sie nicht sein.
- Im Fall aber, dass Sie klein sind, doch sich selbst

> davon überzeugt haben, Sie seien »normal groß«, und ich mache mich lustig über Ihre Körpergröße, dann werden Sie sich *tatsächlich beleidigt* fühlen.

Einen Menschen zu *beleidigen*, bedeutet, die Formel, die er von sich selbst hat, (also sein »Selbstbild«.) zu destabilisieren.

68

STÖRE MEIN SELBSTBILD NICHT

Ein Stein hat kein »Selbstbild«. Es gibt keine Vorstellung, keine *innere Formel*, die ein Stein in Bezug auf sich selbst hätte.

Wir Menschen dagegen haben in unserem Kopf nicht nur Ideen über Dinge allgemein – jeder von uns hat auch und vor allem eine Idee von sich selbst.

Ich habe viele verschiedene Personen-Formeln in meinem Kopf. Ich trage also eine Leuteliste voller Kontakt-Details mit mir herum. Bei einem Eintrag in meiner Leuteliste steht daneben ein gedachtes rotes Kreuz, welches für »Ich« steht. (In manchen Köpfen ist gleich bei mehreren Einträgen ein Ich-Marker. In einigen Köpfen, etwa nach einem schweren Trauma, ist gar kein Eintrag mit »Ich« markiert. Beides sind Fälle für Ärzte.)

Auch Tiere haben eine »Ich-Formel«. Affen und Hunde erkennen sich im Spiegel wieder. Doch nach allem was wir wissen, ist ihr Wissen ums »Ich« weniger komplex als unseres.

Zwischen »ich will eine Wurst« und »ich will meine Gedanken, mein Leben und die Welt ordnen« ist dann doch ein Unterschied. Wenn ein Hund in der Sonne döst, grübelt er wahrscheinlich nicht über einen Beleg für die eigene Existenz, ja nicht einmal über einen Sinn im Leben. Sich immerzu Gedanken über sich selbst machen, das kann und will wahrscheinlich nur der Mensch.

69

SELBSTBILD SCHWÄCHEN

Einen Menschen zu beleidigen ist einfach: Schwächen Sie sein »Selbstbild«. Wenn die Schwächung selbst nur schwach ist, wird er die Nase rümpfen oder mit den Schultern zucken. Wenn die Schwächung aber so richtig wirkt, kurz vor der totalen Destabilisierung, wird er sich oder Sie umbringen wollen. (Früher hat man sich duelliert. Manche Völker haben heute als Alternative zum Einander-Umbringen das Zusammen-Ein-Glas-Trinken entwickelt. Beim Gläschen-vom-Guten bespricht man sich und stellt aufs Neue fest, dass wir doch alles »nur« Menschen sind, jeder mit Ängsten und Hoffnungen, vielen Sorgen und doch einiger Freude. Alkohol löst Selbstbild-Probleme vorübergehend auf und gibt so die Gelegenheit, das eigene Selbstbild neu und wahrheitsgemäßer zu arrangieren, oder, wie die Lateiner sagen: »in vino veritas«.)

Das, was Sie mit der Beleidigung erreichen wollten, ist möglicherweise auch mit einem leichten »Necken« zu erreichen – mit weit geringerem Risiko, dass der Angegangene zur Verteidigung seine Fäuste und Anwälte in Anschlag bringt.

Wenn Sie einen Menschen nur leicht und neckisch »fast-beleidigen« möchten, greifen Sie eine Stelle an, die er gut in sein Selbstbild integriert hat oder von der die Stabilität seines Selbstbilds nicht abhängt. Wenn Sie mich etwa ob meiner mangelnden Künste in der Porträtmalerei angreifen, werde ich wahrscheinlich mit Ihnen lachen. Sicher, ich habe mich darin versucht, ich bin nicht besonders gut darin, aber mein Selbstbild baut nicht wesentlich darauf. Sie necken mich ein wenig und wir schmunzeln beide.

70

ZUSCHLAGEN

Ich höre Sie sagen: Ich will nicht necken, ich will draufhauen, dass es kracht und funkt! (Oder zumindest will ich wissen, wie andere es anstellen, dass sie mir bei Gelegenheit mit ihren Worten wehtun. Vielleicht wird es nicht mehr ganz so schmerzen, wenn ich weiß, was es war, dass mir diese Schmerzen bereitete. Der Arzt kann das Bein nur richten, wenn er weiß, welcher Knochen es ist, der gebrochen wurde. Wir können unsere Seele leichter wieder geradebiegen, wenn wir wissen, welche innere Formel es war, die von bösen Worten geschwächt wurde.)

Um einem Menschen so richtig wehzutun, greifen Sie etwas an, worauf sein Selbstbild wesentlich ruht. Wenn es eine Frau ist und ihr Selbstbild auf der Rolle als Mutter ruht, destabilisieren Sie diese Formel – stellen Sie ihre diesbezüglichen Fähigkeiten in Frage. Wenn es jemand ist, der öffentlich zu Reden hat, greifen Sie seine Tauglichkeit zur öffentlichen Rede an.

Um effektiv zu sein, greifen Sie möglichst eine Teilformel an, die erstens essentiell für das Selbstbild ist, und zweitens durch Rahmenumstände ohnehin von der Destabilisierung bedroht ist.

Wenn Ihrem Gegner eine Religion wichtig ist, suchen Sie einen Teil der Religion aus, welcher zugleich tragend ist und vom Gläubigen selbst bezweifelt wird. Wenn Ihr Gegner sich als Sportler definiert, aber verletzt ist, reduzieren Sie ihn auf seine Verletzung. Wenn Ihr Gegner sich als Vater sieht, aber ein Wutproblem hat, werfen Sie ihm vor, dass seine Wut seine Befähigung zum Vatersein aufhebt.

Wenn wir Ihren Gegner mit einem Tisch vergleichen, treten Sie ihm das ohnehin wacklige Bein weg. Wenn wir Ihren Gegner mit einem Haus vergleichen, suchen Sie die eine Stelle in der Mauer, die zugleich schwach und doch tragend ist, und sprengen Sie dort die Steine weg. Wenn wir den Menschen mit einem gejagten Tier vergleichen, dann suchen Sie metaphorisch die eine gefährliche Wunde, die beinahe wieder verheilt war, und reißen Sie diese Wunde neu auseinander, auf dass sie tödlich wird.

71

BELEIDIGUNGEN ÜBERWINDEN

Beleidigungen sind brutal, und bei Gelegenheit werden sie auch Sie treffen. Sicher, wenn man es mit unerfahrenen Beleidigern zu tun hat, kann man sie in manchen Ländern verklagen. Doch erstens sollte man nicht von der Unerfahrenheit seiner Gegner ausgehen, und zweitens ist der Schaden an Ihrer Seele dann bereits getan.

Die wahre Kunst der Beleidigung besteht darin, sich vorzubereiten, sich mit offenen Augen und Ohren zu immunisieren. Wir sagen »mit offenen Augen und Ohren«, denn wegzuhören ist keine Lösung, hart wie ein Stein zu werden auch nicht. Die Kunst des Beleidigens wie des Nicht-Beleidigtwerdens besteht darin, die betroffenen Formeln rechtzeitig und genau zu kennen.

Was uns wehtut, ist auf seine Art wahr. Suchen Sie Ihre verwundbarste Stelle. Akzeptieren Sie, dass diese Stelle verwundbar ist. Wenn Sie ein Kind verloren haben, reden Sie mit jemandem, dem Sie vertrauen, darüber, was das mit Ihrem

Weltbild macht. Wenn Sie sich Ihrer Religion nicht sicher sind, oder Ihr Selbstbild davon abhängt, besprechen Sie mit Ihren Glaubensbrüdern, wie genau es ist, dass böse Worte Sie beleidigen. Wenn Sie zu dick sind, lernen Sie, sich als Dicker zu sehen – und nehmen Sie bitte ab. Dicke leben kürzer und riechen oft komisch.

Die Beleidigung will uns destabilisieren. Die Beleidigung ist auch ein Lehrer. Welche Formeln Ihres Selbstbildes hat der Beleidiger angegriffen? Das sind die Formeln, an deren Definition und Stärkung Sie arbeiten sollten.

Sie müssen dem Beleidiger nicht danken. Er ist ein böser Mensch, der Ihnen Böses will. Werden Sie ihn los. Und dann nutzen Sie Ihr Beleidigtsein, um stärker zu werden. Seine Beleidigung ist eine Formel, welche die Formeln Ihres Selbstbildes destabilisieren möchte. Verstehen Sie, wie er das tut. Nehmen Sie der Beleidigung ihre Macht und werden Sie mit jedem Angriff stärker.

72

EINE SANFTE SUPERKRAFT

Einen Menschen beleidigen zu können ist Macht. Mit der richtigen Beleidigung können Sie Ihren Gegner aus der Bahn werfen. Und, im Gegenzug, die Formeln der Beleidigung zu erkennen, verleiht Ihnen die Abwehrkräfte eines Kung-Fu-Meisters.

Ich verrate Ihnen aber eine weitere Technik, die mit etwas Geschick eingesetzt mehr nutzen kann als die schmerzhafteste Beleidigung.

Wenn Sie entdecken, wo Sie einem Menschen wehtun können, halten Sie einen kurzen Moment inne – es gibt eine weitere Option. Wenn Sie ihm an jener Stelle wehtun können, können Sie ihn an derselben Stelle auch stärken.

In einem stillen Moment, diskret und bescheiden, helfen Sie ihm, wenn Sie können. Zeigen Sie vielleicht nur Verständnis. Kontaktieren Sie einen Spezialisten, der Ihnen einen Gefallen schuldet. Seien Sie im richtigen Moment zur Stelle. Wenn Sie Ihre Karten richtig ausspielen, wird Ihr

Gegner Ihnen Ihr Leben lang verpflichtet sein. Das kann nützlicher sein, als ihn zu vernichten.

Wie auch immer Sie sich entscheiden: Das Wichtige ist, dass Sie die Formel der Beleidigungen sehen, die man Ihnen entgegenschleudern könnte. So werden Sie stärker, weniger verwundbar. Der Rest ergibt sich dann.

73

DAS FALSCHE ZEUGNIS

Viele Menschen im Westen berufen sich auf die Zehn Gebote der Bibel. Eines der wenigen Gebote, das Leute tatsächlich zu kennen meinen, ist »Du sollst nicht lügen«, welches richtig ausformuliert heißt:

> »Du sollst kein falsch Zeugnis reden wider deinen Nächsten.«
>
> — 2. MOSE 20:16

Das berühmte Gebot beschreibt eigentlich eine Situation vor Gericht: Es wird verboten, vorm Richter eine Unwahrheit über einen Stammesangehörigen auszusprechen. Diese gesetzliche Ächtung gilt ja bis heute: Während es im Prinzip ganz legal ist, so viel zu lügen wie man will, ist zumindest der Meineid vor Gericht definitiv strafbar.

Die Ächtung der Lüge vor Gericht meint ja die Aussage über Fakten. Doch eine andere Art von »Lüge vorm Gericht«

ist zumindest in ihren Folgen für Gesellschaft und Einzelnen nicht minder schädlich.

Die Heuchelei ist eine besonders giftige Art von Lüge. Die Heuchelei bewirkt nicht nur Ungerechtigkeit wie die Faktenlüge, die Heuchelei frisst sich auch in die Seelen der Einzelnen und ins Gewebe der Gesellschaft insgesamt. Die gewöhnliche Lüge behauptet bloß Fakten wider besseres Wissen, die Heuchelei gibt moralische Urteile – besonders über sich, aber oft genug auch über andere – wider bessere Einsicht.

Man meint fast, es gäbe keine schlimmere Lüge als die Heuchelei (wohl außer der Lüge, die einen Menschen das Leben kostet), doch selbst unter den Heucheleien gibt es extra üble, nämlich die, welche der Heuchelnde selbst glaubt.

Wer in seinem Verhalten die Strukturen um ihn herum schädigt und für Unordnung sorgt, aber sich selbst einredet, »gut« zu sein – wie will der glücklich sein? Welche Hoffnung gibt es für so einen?

Alle unsere Mühe, ethisch zu denken und das Leben zu ordnen, ist vergebens, wenn wir nicht uns selbst wieder und wieder prüfen. Wer ethisch denken und sein Leben ordnen will, der muss immer wieder prüfen, dass er kein Heuchler ist!

V

KREISE ZIEHEN

74

EINEN PLAN FÜRS HAUS

Wenn der Mensch geboren wird, ist es meist, weil der Mutterbauch ihn hinausstößt. »Es ist genug!«, sagt der Mutterbauch. Die Hebamme wäscht den Menschen, legt ihn erst der Mutter auf die Brust und dann in sein erstes Bett.

Wenn der Mensch später stirbt, ist es meist, ließe sich poetisch formulieren, weil die Erde ihn zu sich zieht. »Es ist genug«, sagt der Mensch und schließt die Augen. Die Totenwäscherin wäscht ihn und man legt ihn zurück in den Schoß der Erde.

Wenn der Mensch sein Leben beginnt, kennt er kaum relevante Strukturen, und mangels Sprache könnte er sie auch nicht angeben. Der Instinkt, gefüttert werden zu wollen, übernimmt alle notwendige Motivation für ihn.

Das Kind lernt nicht nur Sprache und Mathematik, es lernt auch die Welt zu trennen, lernt Begriffe und Ordnungen. Vor allem wird dem Kind schnell beigebracht, so es denn gut erzogen wird, was relevante Strukturen sind und in welcher Reihenfolge sie relevant zu sein haben.

Beginnend mit der Pubertät und spätestens mit dem harten Eintritt in die Realität von Familiegründung, Geldverdienen und Politikaushalten erfährt der Mensch, wie schmerzhaft es ist, wenn relevante Strukturen einander bekämpfen.

Wenn aber relevante Strukturen einander schwächen, das ist Unglück. Wollen wir Glück, müssen wir dafür sorgen, dass relevante Strukturen einander nicht schwächen.

Eine einfache Aufgabe, scheinbar, und doch sterben zu viele Menschen unglücklich. Zu viele Menschen lenken sich zu lange von ihrer eigenen Unordnung ab. Im Endspurt erst versuchen sie dann, panisch eine Ordnung in ihr Leben zu bringen. Sie kritzeln ihr Testament, wollen ganz hektisch mit diesem und jenem ihren Frieden schließen. Ein Frieden, den man in Eile schließt, kann höchstens ein Provisorium sein.

Zu viele Menschen sind wie Bauherren, die einfach die Ziegelsteine nehmen und drauflosbauen, die Mauern krumm, die Fenster schief und das Dach löchrig. Erst wenn sie die letzten zwei oder drei Steine vor sich liegen haben und die Kelle den letzten Mörtel hält, fällt ihnen ganz nervös ein: »Ich sollte einen Plan haben!«

Der richtige Zeitpunkt, einen »Plan zum Glück« für sich zu erarbeiten, ist *jetzt*. Doch, achten Sie auf das Wort, das wir verwendet haben! Wir sagen nicht »bekommen«, wir sagen »erarbeiten«! Ich kann Ihnen Werkzeug und einige Ideen geben. Den Plan werden Sie selbst zeichnen müssen. Die Arbeit nimmt Ihnen niemand ab. (Und wenn Ihnen doch jemand verspricht, Sie »glücklich machen« zu wollen, laufen Sie weit weg, es ist ein Scharlatan. Die Metapher vom Hausbau endet darin, dass Sie durchaus einen Architekten und Maurer beauftragen können, Ihr Haus zu bauen – aber entgegen mancher Heilsversprechen gibt es niemanden außer Ihnen selbst, den Sie mit der Arbeit am Glück beauftragen könnten.)

75

GLÜCK

G*lück* ist, seine relevanten Strukturen konzentrisch angeordnet zu haben.

76

GLÜCKSLOGIK

Stellen Sie sich vor, Sie haben einen Stapel verschieden großer Ringe, mit verschiedenem Durchmesser, zwischen einer Handfläche weit bis zu einer ganzen Elle. Außerdem halten Sie einen kleinen Ball in der Hand.

Man stellt Ihnen eine Aufgabe: Sie sollen Ringe und Ball so auf dem Tisch anordnen, dass der Ball innerhalb jedes einzelnen Ringes liegt, aber kein Ring den anderen schneidet.

Können Sie es sich vorstellen? Die Lösung liegt auf der Hand, es gibt nämlich genau eine: Sie ordnen die Ringe konzentrisch an, also einen in den anderen, und legen den Ball in die Mitte des innersten Ringes.

Die Übertragung aufs Glück liegt nahe: Der Ball steht für Sie selbst. Die Ringe stehen für Ihre relevanten Strukturen. Wenn wir über Glück und Konzentrizität reden, nennen wir sie »Kreise«. Daher der Spruch: *Ordne deine Kreise!*

77

KREISORDNUNG

Wenn ich Sie fragte, wo wohl besonders glückliche Menschen leben, welche Teile der Welt würden Ihnen wohl einfallen? Es gibt zumindest in Deutschland ein Bundesland, das strahlt in die ganze Welt ein Image von Ruhe und Glück aus. Dieses Bundesland ist: *Bayern.*

Gehen wir einmal durch, welche Bilder und Konzepte uns einfallen, wenn wir an Bayern denken! Ich probiere einfach ein paar: Berge, Lederhosen, Familie, Katholisch, Kirche, Bier, Fleiß, Disziplin, Bauernhöfe, Kühe, Brezeln und Weißwurst, Dirndl, Trachten, Oktoberfest, und —natürlich — der Spruch: »Mir san mir!«

Habe ich ein Klischee vergessen? Es sei mir bitte verziehen. Erlebt man »echte« Bayern, also Menschen weit außerhalb des merkwürdigen Münchens, draußen auf dem Land, fühlt man schnell, dass noch immer viele von ihnen ihr Leben »in Ordnung« haben.

Bayern steht im Gefühl vieler Menschen dafür »seine

Kreise geordnet zu haben.« Der innerste Kreis ist man selbst und die eigene Familie. Darum zieht sich die Dorfgemeinschaft. Darum die Region und schließlich Gottes eigenes Land, Bayern. Über Bayern hinaus macht es erst mit der Relevanz einen Schritt nach unten, denn dann kommt Deutschland, und dann nochmal einen Schritt in der Relevanz nach unten mit dem Europa-Kram.

Entgegen mancher Ansage ist es nicht wirklich so, dass der Bayer eine tiefe Abneigung gegen Deutschland und Europa hätte, nicht per se, Bayern ist ihm nur viel relevanter. Der traditionelle Bayer hat seine Kreise wohlgeordnet. Je weiter innen ein Kreis ist, um so relevanter ist er mir, um so stärker will ich ihn stützen.

Seine Kreise zu ordnen, wie es ein ordentlicher Bayer macht, bedeutet also auch, die inneren Kreise stärker zu stützen als die äußeren.

78

GLÜCK IN DER STADT IST ARBEIT

Es soll vorkommen, dass Stadtbewohner ganz sehnsüchtig vom Leben auf dem Land träumen. Doch was hält den Menschen, der vom Landleben träumt, denn in der Stadt? Es kann ja nicht nur das Praktische sein, so praktisch ist die Stadt gar nicht, und gefährlich ist sie oft noch dazu!

Das Leben in der Stadt ist dauernde Verführung. Bei Tag und – wenn es eine Stadt von Welt ist – auch bei Nacht, wollen Geschäfte und Geschäftemacher den Menschen zum kleinen Sündenfall verführen. Das scheint angenehm, das ist ohne Zweifel aufregend.

Doch: Verführung bringt die Ordnung unserer Kreise durcheinander. Diese Verführung ist ja attraktiv, sonst wäre sie keine. Das ist es ja (das und die Hoffnung auf bezahlte Arbeit), was wiederum den Landmenschen am Stadtleben reizt.

Wenn ich auf dem Land wohne, vielleicht seit vielen Generationen schon und dazu noch in einer gewachsenen

Kleinstadt, welche von Bergen, Wiesen, Wald und Wasser umgeben ist, dann sind meine Kreise praktisch von Geburt an *für mich geordnet*. Ich weiß, wer meine Familie ist, das ist schon Ordnung. Ich weiß, wer mein Arbeitgeber sein wird und wer mein Freundeskreis, das ist Ordnung. Ich fühle mich als Teil meiner Stadt und wenn ich meine Stadt stütze, dann macht es einen Unterschied. Ich spüre, wie die Natur mir durch klare Luft, reines Wasser und schlichte Schönheit täglich Gutes tut. Auf dem Land – mindestens im Traum des Stadtbewohners, sind meine Kreise in einer guten Ordnung. Dort kann der Mensch sagen: Ich weiß, was mir wichtig ist. Ich weiß, was ich zu stützen habe.

Doch was wenn ich in der Stadt wohne, zumal heute, in der Zeit von Patchwork-Familien, Terrorgefahr und Arbeit als digitaler Tagelöhner? Wo ist denn da die Ordnung?

Die Familie gab einst Stabilität. Die angeblich »moderne« »Patchwork-Familie« schafft mehr Unsicherheit und Seelenweh als sie Sicherheit und Freude gibt – geben kann. Die Traditionen auf dem Land kamen ja aus dem Land selbst, aus dem Acker, der Furche, der Saat und der Ernte, und sie ordneten das Jahr, und Ordnung ist Glück. Die Terrorgefahr in der Stadt macht krank vor Sorge.

Die Anstellung bei einem ehrwürdigen Arbeitgeber gab dem Leben einst Ordnung, und Ordnung ist Glück. Der neue Arbeiter in der Stadt hangelt sich von Auftrag zu Auftrag wie der panische Bordaffe auf einem brennenden Schiff. Das Hangeln von Auftrag zu Auftrag raubt der Arbeit die Sicherheit und zugleich auch die Hoffnung. Welche Hoffnung hat einer, dem jeden Tag der Bankrott droht, und der durch keinen Vertrag und kein Gesetz vor der Arbeitslosigkeit geschützt wird? Kann man die Hoffnung, nicht zu verhungern, wirklich »Hoffnung« nennen?

Glück braucht geordnete Kreise. Es erfordert tägliche Arbeit, im Kontext einer Stadt seine Kreise zu ordnen. Und doch ziehen jedes Jahr mehr Menschen vom Land in die Städte, weltweit. Die Städte sind nur selten auf Glück hin optimiert, warum sollten sie auch? Die Folge: Immer mehr Menschen werden immer unglücklicher sein.

Will man nicht ganz hoffnungslos klingen, sagt man: In einer Stadt zu leben und glücklich zu sein bedeutet Arbeit – und diese Arbeit wird Jahr um Jahr wichtiger werden. Nicht nur aus Gefühlsgründen wäre es wünschenswert, dass Menschen glücklich sind. In einer Welt gleichzeitig wachsender Bevölkerungen und Migrationsströme ist eine unglückliche Stadtbevölkerung ein Sicherheitsrisiko. Wir sind zum Glücklichsein verdammt, alles andere ist gefährlich.

79

DER INNERSTE KREIS

Eine bekannte Regel der Alltagsethik, die es immerhin zum Status einer »goldenen« gebracht hat, lautet: »Du sollst deinen Nächsten lieben wie dich selbst!«

Diese »Goldene Regel« wird schonmal zitiert, wenn wieder einmal den »kleinen« Leuten eine Aufopferung für »große« Ziele abverlangt wird – der zweite Teil dieser »Goldenen Regel« darf aber nicht ignoriert werden! Denn: Wer sich selbst nicht liebt, wie soll der andere lieben? Andere zu lieben, ohne sich selbst zu lieben, das ist wie einen Ertrinkenden retten zu wollen, während man selbst die Lunge voller Wasser und keinen Halt unter den Füßen hat.

Die ethische Ordnung, von der wir hier reden, beginnt mit dem innersten Kreis, der *Sie selbst* sind. Glück ist Ordnung und Ordnung beginnt mit dem *Ich*.

Wenn ich die Augen schließe, nichts höre und nur an meine Gedanken denke, dann ist das, was ich erlebe, mein *Ich*. Diese ratternden Ideen, die Selbstzweifel und Pläne, die große

Hoffnung und die kleinen Verzweiflungen, alle Erinnerung und alles Gelernte, das bin *ich*. Wir lassen uns jetzt nicht auf Diskussionen ein, ob ich meine Existenz durch mein Denken belegen kann, wie Descartes zu meinen scheint – wir *sind* einfach. Wir beginnen mit dem *Ich*, doch dann bewegen wir uns nach außen.

Können Sie aufzählen, was Ihre Kreise sind? Können Sie angeben, in welcher konzentrischen Reihenfolge sie von innen nach außen geordnet sind? Können Sie angeben, wie diese Kreise einander stützen oder eventuell schwächen?

Der Mensch ist im Innersten glücklich, wenn er weiß und spürt, wo er hingehört und was seine Aufgabe ist.

Der Geist ist kein Selbstzweck. Der Mensch kann ein Bein verlieren oder gar das Augenlicht, und doch bleibt er noch immer ganz *Ich*, weil er sich ja weiter von der Außenwelt abgrenzt und doch weiter mit eben dieser Welt *interagiert*. Der Geist will ordnen, und er braucht etwas zum Ordnen, das außerhalb seiner selbst liegt.

Es gibt einen guten Grund, wieso Mönche ihr Hab und Gut zurücklassen und in die Einöde ziehen. Wenn weniger Außenwelt zu ordnen ist, fällt das Ordnen des Inneren einfacher.

Wir wollen nicht in die Einöde ziehen. Wir wollen in der Stadt oder zumindest in der Zivilisation bleiben, und genau dort glücklich sein. Ziehen wir unseren Kreis eben um eine Stufe weiter.

80

MEIN KÖRPER

Der Träger des innersten Kreises, des Ichs, ist natürlich der Körper. Ein kranker Körper *kann* einen glücklichen Geist beherbergen, aber es ist schwerer einzurichten und dadurch weniger wahrscheinlich.

Phantastische Autoren mögen davon träumen, das Ich als Daten- und Software in einer Maschine oder einem anderen Lebewesen »weiterleben« zu lassen. Doch, selbst wenn es machbar wäre, hat das einen logischen Fehler: Existenz entsteht durch Abtrennung, und wenn die physische Abtrennung plötzlich eine völlig andere wäre, ist auch die Identität eine völlig andere. Wenn es aber nur um die Erinnerungen ginge, würde es ja reichen, per Hypnose die eigenen Erinnerungen einem anderen Menschen einzupflanzen. Wenn Ihnen das unbefriedigend erscheint, sehen Sie, dass eine Kontinuität der physischen Hülle eben doch notwendig ist. Sie sind auch Ihr Körper, und wenn Sie *glücklich* sind, dann ist auch Ihr Körper glücklich. Wahrlich nicht jeder gesunde, schlanke, sportliche und suchtfreie Mensch ist glücklich, aber ohne einen gesunden, schlanken, sportlichen und suchtfreien Körper wird das Erreichen von Glück deutlich schwieriger.

Die Ordnung und Stützung von Kreisen ist umso einflussreicher für Ihr Glück, je näher Sie an die Mitte kommen. Die Ordnung des erwähnten Ichs ist zentral, die Ordnung des nächsten Kreises kommt gleich danach. Während in den äußeren, weiten Kreisen etwas Raum für Variation besteht, ist die Bedeutung dieser inneren Kreise für das Glück so fix wie groß.

Dies ist kein Buch über körperliche Gesundheit. Finden Sie einen eigenen Lehrer für Ihre Gesundheit, aber keinen, der Ihnen Entschuldigungen für Ihre Faulheit gibt. Finden Sie einen, der die Realität und Ihren Körper gleichermaßen akzeptiert, und dann mit Ihnen daran arbeitet, gesund, schlank, sportlich und suchtfrei zu werden. Ihr Körper ist der zweitinnerste Kreis. Er trägt ihren Geist, Ihr Geist ist eine Funktion Ihres Körpers, stützen Sie ihn. Dann können Sie sich dran machen, Ihren nächsten Kreis zu stützen.

81

MEINE FAMILIE

In einer Welt von Kaffee, Beton und Computerjobs ist es schwer genug, seinen Körper gesund zu halten. In der Zeit von Globalisierung und Verstädterung grenzt es ans Unmögliche, seine Familie beisammenzuhalten. Auch wenn es manche Leser ärgern wird: Sie werden es viel schwieriger haben mit dem Glück, wenn Sie nicht ihre Familie »um sich scharen«.

Warum flehen Sterbende, in den Minuten und Stunden vorm Tod möge sich die Familie an ihrem Bett einfinden? Weil sie wenigstens dann ein wenig glücklich sein möchten. Wenn schon der Körper nachgibt und der Geist sich zu verabschieden beginnt, möge zumindest dieser dritte Kreis geschlossen sein.

Sie werden sich Gedanken machen müssen, wie Sie Ihre Familie – oder etwas so Familienähnliches wie möglich – um sich scharen, und zwar täglich.

Diese ersten drei Kreise, Ihr Ich, Ihr Körper und Ihre Familie, sind die drei wichtigsten Säulen des Glücks. Sicher, wir sollten die Kreise weiter ziehen, doch wenn Ihr Ziel das Glück ist, müssen Sie diese drei Kreise *in Ordnung bringen*, bevor Sie weitergehen.

82

MEINE WELT

Wenn der Körper gepflegt, die Familie versorgt und Arbeitgeber oder Kunden zufrieden sind, spätestens dann ist es an der Zeit, neue, weitere Kreise zu erkennen und zu ordnen.

In welche Strukturen sind Sie denn *noch* eingebettet, was sind denn *noch* Ihre Kreise? Sie sind Teil Ihrer Nachbarschaft und Ihres Freundeskreises. Wer Glück finden will, wird es in der Gemeinschaft seiner Nachbarn und Freunde finden. Sie sind Teil Ihrer Stadt. Wer Glück finden will, wird es in der Verantwortung für seine Stadt finden. Sie sind Teil Ihres Volkes. Wer Glück finden will, wird es als Kind seines Volkes finden. Sie sind Teil Ihres Landes, Ihres Kontinents und dann auch der Menschheit. Wer Glück finden will, der muss sein Leben so ordnen, dass er seine eigene Gesundheit, seine Familie, seine Nachbarschaft, seine Stadt, sein Volk, seinen Kontinent und schließlich die Menschheit stärkt. Das ist es, wovon wir reden, wenn wir von »Ordnung« reden.

83

ERKENNE, ORDNE, STÜTZE

Wir wollen eine neue, dreigeteilte Regel aufstellen: *Erkenne deine Kreise. Ordne deine Kreise. Stütze deine Kreise.*

»Erkenne dich selbst!«, riefen die Griechen. Wir deuteten es: »Erkenne deine Strukturen!«, und so kommen wir schließlich an: »Erkenne deine Kreise!«

Selbst-Erkenntnis hat ihren Anfang darin, zu sehen und zu verstehen, wessen Teil ich bin. Meine Kreise beginnen mit den kleinsten Strukturen, wie meiner Erinnerung und meinem Körper. Weitere Kreise sind meine Familie und mein Haus. Die Weisen und Heiligen ziehen ihre Kreise um die ganze Menschheit und sogar um das Sein selbst. (Doch der wirklich Weise vergisst bei all seiner Weisheit nicht, sich am Morgen zu waschen und sein Bett zu machen. Die äußeren Kreise zu bedenken, doch die inneren zu vergessen wird das ganze Vorhaben ruinieren.)

Der vollkommen glückliche Mensch hat seine Kreise so

angeordnet, dass kein Kreis die anderen schneidet, und er doch ihr stützender Teil bleibt.

Das ist einfach gesagt, doch zu oft zu schwer gelebt: Wenn etwa die Kreise *Familie* und *Karriere* einander »schneiden«, werde ich weder Glück finden noch »am Ende« das Gefühl haben, *gut* gehandelt zu haben. Wer Glück finden will, muss alles dransetzen, seine Kreise zu erkennen und sie zu ordnen.

Eine Ordnung der Kreise, in der kein Kreis einen anderen »schneidet«, ist *konzentrisch*. Der kleinste Kreis ist im nächstgrößeren eingebettet, der wieder in einem größeren, und so fort. Innen bin ich, ganz außen ist das Universum, irgendwo dazwischen ist unser Treiben und Mühen.

Doch, seien wir realistisch, eine ganz konzentrische Anordnung mag früher greifbar gewesen sein, als man die Kinder mit aufs Feld nahm, gemeinsam in die Kirche ging und im reifen Alter von 32 Jahren am Schnupfen starb. Vielleicht ist es aber auch nur Erzählung und es gab nie eine »natürliche« Zeit, in der die Menschen ohne ihr Dazutun *ganz glücklich* waren. Die Natur hat ja auch bloß ein Interesse daran, uns nach dem Glück jagen zu lassen – das Glück aber müssen wir schon selbst festhalten, so wie die Natur den Weizen auf dem Feld sprießen und wachsen lässt, aber weder die Grenzpflöcke ums Feld einschlägt noch den Weizen erntet und auf dem Markt verkauft.

Es wäre schon viel gewonnen, wenn wir unsere Kreise so nah zueinander brächten, dass sie viel Gemeinsames haben und zumindest kein Kreis den anderen Kreisen schadet. *Das* Glück im »großen« Sinn aber bleibt die Konzentrizität der mir relevanten Strukturen.

Stärke deinen Körper und deine Seele. Stärke deine Familie, deine Stadt, dein Volk und dein Land. Leite deine Familie an, deine Stadt, dein Volk und dein Land zu stärken.

Rufe dein Land auf, gemeinsam mit dir deinen Kontinent, seine Zukunft und dann die Menschheit zu stabilisieren. Sei Teil des Ganzen und beginne im Kleinsten.

Ja, es ist gut, die Menschheit vor sich selbst retten zu wollen. Doch alle große Ordnung beginnt stets daheim. In der eigenen Seele. Im eigenen Kleiderschrank. Wie man in China sagt: Wer die Welt in Ordnung bringen will, der gehe zuerst durchs eigene Haus.

23333930R00127

Printed in Poland
by Amazon Fulfillment
Poland Sp. z o.o., Wrocław